100
RECETTES DE YAOURTS FROMAGES FRAIS ET PETITES CRÈMES

DIY

100 RECETTES DE YAOURTS FROMAGES FRAIS ET PETITES CRÈMES

Fait maison

Les petits Marabout

SOMMAIRE

LES INGRÉDIENTS POUR FAIRE SES YAOURTS

LE CHOIX DU LAIT

Les meilleurs yaourts et les plus fermes se font avec du lait entier de vache. Les laits bio, exempts de pesticides, sont à privilégier.
Vous pouvez utiliser du lait demi-écrémé. Vos yaourts seront alors un peu plus liquides.
Le lait à 0 % de matière grasse est déconseillé ; il ne permet pas au yaourt de prendre.
Si vous utilisez du lait frais, vous devez impérativement le faire bouillir pendant 15 minutes, puis le laisser refroidir à 40 °C avant de l'utiliser.

LAIT DE SUBSTITUTION

Vous pouvez utiliser du lait de brebis. Le lait de chèvre, très léger, donne des yaourts souvent très liquides. Il est préférable de le couper avec du lait de vache, dans une proportion de 50/50.
La boisson de soja peut parfaitement remplacer le lait de vache. Elle donne des yaourts très fermes.

LE CHOIX DU FERMENT

Vous pouvez trouver des ferments lactiques en pharmacie ou dans des magasins bio au rayon frais, sous forme de poudre. Ils coûtent assez cher, mais durent une dizaine de tournées.
Vous pouvez aussi, simplement, utiliser un yaourt nature du commerce, de préférence bio (les ferments y sont souvent plus actifs). N'utilisez pas de yaourt à 0 % de matière grasse.
Gardez un pot de votre précédente tournée. Appelé « yaourt-ferment » dans ce livre, il vous permettra de réensemencer votre lait pour la tournée suivante.
Prenez toujours un yaourt avec la date de validité la plus longue. Plus votre yaourt sera frais, plus le ferment sera actif.
Au bout de 5 ou 6 tournées (une dizaine avec un ferment lactique), il vous faudra changer de ferment.

L'HYGIÈNE

L'utilisation de produits laitiers exige une hygiène parfaite. Lavez vos pots et tous vos ustensiles de cuisine (louche, fouet, entonnoir, saladier) à l'eau très chaude avant de vous en servir.

LAIT PUR DE NORMANDIE
ARRIVAGE 2 FOIS PAR JOUR
Le bon lait
Ferme du Vallon 31-29-73-46

COMMENT FAIRE SES YAOURTS ?

AVEC UNE YAOURTIÈRE

Toutes les yaourtières fonctionnent sur le même principe : elles chauffent à la bonne température, puis maintiennent cette température le temps nécessaire pour une bonne prise des yaourts.
Certaines sont munies d'un interrupteur et d'un minuteur, et proposent de choisir la durée du cycle, ce qui est très pratique.
Selon le climat, le ferment et le lait utilisé, les yaourts se feront plus ou moins rapidement (entre 6 et 15 heures).
Mélangez 1 litre de lait à température ambiante ou légèrement tiédi avec 1 yaourt-ferment. Répartissez dans les pots et mettez la yaourtière en marche.
Une fois le cycle achevé, mettez les couvercles sur les pots et placez-les au réfrigérateur.

AU FOUR

Vous pouvez faire vos yaourts au four si votre four se règle précisément à 40 °C.
Mélangez soigneusement 1 litre de lait légèrement tiédi avec 1 yaourt-ferment.
Répartissez dans les pots. Mettez-les dans le four à 40 °C. Au bout de 2 heures, éteignez le four mais n'ouvrez surtout pas la porte. Laissez les yaourts sans les bouger pendant 6 heures, puis mettez-les au réfrigérateur. Servez frais.

À LA COCOTTE-MINUTE®

Mélangez soigneusement 1 litre de lait légèrement tiédi avec 1 yaourt-ferment.
Répartissez dans les pots.
Faites bouillir de l'eau dans la cocotte.
Dès que la pression est montée, coupez la source de chaleur, arrêtez la cocotte, ouvrez-la et videz l'eau. Ensuite, deux possibilités :
- Mettez vos pots de yaourt (sans couvercle) dans la cocotte et refermez sans attendre. Laissez prendre toute une nuit sans déplacer votre cocotte, au besoin en la recouvrant d'une couverture. Les yaourts ainsi réalisés sont un peu moins fermes que ceux préparés dans une yaourtière.
- Remettez de l'eau tiède à 40 °C, une fois l'eau bouillante jetée, et placez vos yaourts, toujours sans couvercle, au bain-marie.

DANS UNE THERMOS®

Solution d'urgence, si vous n'avez vraiment rien d'autre sous la main.
Le yaourt doit être secoué pour sortir de la Thermos®, et est donc plus liquide.

SEVERIN
Made in Germany

FOUR

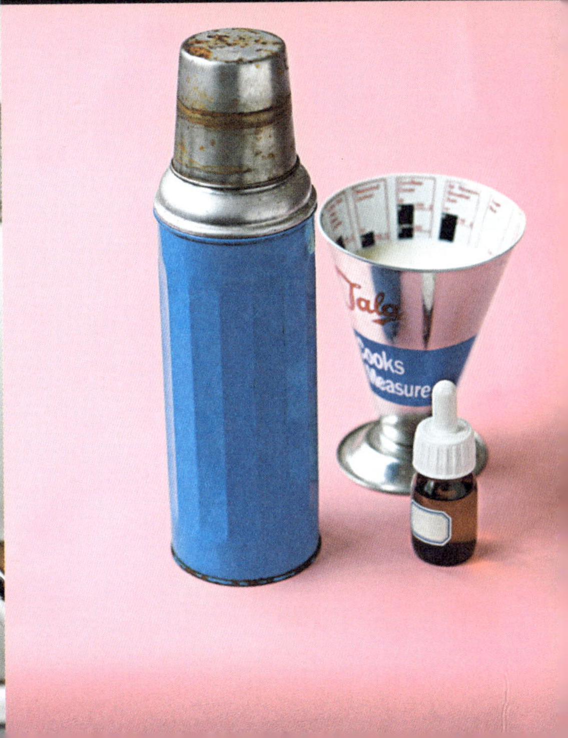
Tala

ASTUCES

YAOURTS TROP LIQUIDES OU QUI NE PRENNENT PAS

- Ils ne sont pas restés assez longtemps dans la yaourtière.
- Le ferment n'est plus actif.
- Le lait n'est pas assez gras.
- La yaourtière a été bougée.

POUR Y REMÉDIER :

- augmentez la durée du cycle ;
- changez de yaourt-ferment ;
- utilisez du lait entier ou ajoutez 3 cuillerées à soupe de lait en poudre ;
- veillez à ne pas bouger la yaourtière lorsqu'elle fonctionne.

S'il fait très froid, il suffit parfois de mettre une petite couverture sur votre yaourtière pour que la chaleur soit mieux préservée, à l'abri des courants d'air.

YAOURTS GRANULEUX OU COLLANTS

Cela vient souvent du yaourt-ferment.

POUR Y REMÉDIER :

- changez de marque de yaourts de départ, ou de ferment ;
- réduisez un peu le temps de prise ;
- battez bien le lait avec le yaourt-ferment avant de le mettre dans la yaourtière ;
- n'utilisez pas de yaourts à 0 % de matière grasse pour vos yaourts-ferments.

YAOURTS AVEC DE L'EAU EN SURFACE

Le yaourt est resté trop longtemps dans la yaourtière. Réduisez la durée du cycle.

YAOURTS AVEC UN ASPECT DE LAIT TOURNÉ

Des fruits frais trop acides ont été ajoutés.

POUR Y REMÉDIER :

- enrobez les fruits frais de sucre, ou faites-les cuire un peu avant de les utiliser;
- ou ajoutez-les une fois les yaourts pris, au moment de servir.

0
10
20
30
40
50
minuter

POUR 8 POTS - PRÉPARATION 15 MINUTES + TEMPS DE PRISE EN YAOURTIÈRE

YAOURTS NATURE & À LA CRÈME

- 1 litre de lait de vache entier (ou boisson de soja, lait de chèvre, lait de brebis) à température ambiante ou légèrement tiédi
- 1 yaourt-ferment
- 2 cuillerées à soupe de crème fraîche

1. Mélangez soigneusement 1 litre de lait avec le yaourt-ferment.
2. Pour des yaourts à la crème, ajoutez 2 cuillerées à soupe de crème fraîche au mélange. Versez le mélange obtenu dans les pots.
3. Mettez en yaourtière sans les couvercles.
4. Une fois les yaourts terminés, mettez les couvercles et placez les yaourts au réfrigérateur.

SMEG

POUR 8 POTS - PRÉPARATION 15 MINUTES + TEMPS DE PRISE EN YAOURTIÈRE - CUISSON 15 MINUTES

YAOURTS À LA CONFITURE D'ABRICOTS

- 1 litre de lait entier
- 1 yaourt-ferment

CONFITURE D'ABRICOTS

- 500 g d'abricots bien mûrs
- 400 g de sucre pour confiture (avec pectine)

BON À SAVOIR

Vous pouvez utiliser toutes les confitures que vous aimez, de la pâte de coings, ou de la crème de marrons.

1. Lavez et coupez les abricots en morceaux. Cassez les noyaux et conservez les amandes (pour enlever la peau qui les recouvre, passez-les quelques minutes à l'eau bouillante). Mélangez le sucre et les fruits dans une grande casserole. Portez à ébullition. Lorsque l'ébullition est complète, comptez 7 minutes en remuant constamment. Écumez. Ajoutez une dizaine d'amandes. Mettez la confiture dans des pots en verre ébouillantés et fermez-les aussitôt.

2. Lorsque la confiture est refroidie, mettez 1 bonne cuillerée à soupe de confiture au fond de chaque pot de yaourt.

3. Dans un saladier, mélangez soigneusement le lait entier à température ambiante et le yaourt-ferment. Versez le mélange dans les pots, au-dessus de la confiture, sans remuer. Mettez en yaourtière.

POUR 8 POTS - PRÉPARATION 15 MINUTES + TEMPS DE PRISE EN YAOURTIÈRE - CUISSON 10 MINUTES

YAOURT À LA COMPOTE BANANE-FRAISE

- 1 litre de lait entier
- 1 yaourt-ferment

COMPOTE BANANE-FRAISE

- 1 banane
- 200 g de fraises
- 4 cuillerées à soupe de sucre roux

VARIANTE

Vous pouvez remplacer la compote banane-fraise par une compote de poires + vermicelles de chocolat ou utiliser des compotes du commerce.

1. Coupez les fruits en morceaux. Mélangez-les au sucre et faites-les cuire à feu doux jusqu'à obtenir une compote. Laissez refroidir.

2. Dans un saladier, mélangez soigneusement le lait entier à température ambiante et le yaourt-ferment.

3. Mettez 1 bonne cuillerée à soupe de compote dans le fond des pots, puis versez le mélange lait + yaourt-ferment par-dessus, sans mélanger. Vous pouvez aussi ajouter la compote dans le mélange lait + yaourt-ferment et fouetter le tout avant de mettre en pots. Vous obtiendrez alors une consistance entre yaourt et compote, très agréable.

4. Mettez en yaourtière.

POUR 8 POTS - PRÉPARATION 15 MINUTES + TEMPS DE PRISE EN YAOURTIÈRE

YAOURTS PRUNEAUX & FRUITS SECS

- 1 litre de lait entier
- 1 yaourt-ferment
- 1 cuillerée à soupe d'eau de fleur d'oranger

PRUNEAUX & FRUITS SECS

- 5 pruneaux
- 2 figues sèches
- 3 dattes sèches

1. Coupez en morceaux les pruneaux, les figues et les dattes. Répartissez dans les pots.
2. Mélangez soigneusement le lait avec le yaourt-ferment et l'eau de fleur d'oranger.
3. Versez le mélange dans les pots. Mettez en yaourtière.

BON À SAVOIR

Un yaourt parfait pour un petit déjeuner énergétique.

2 3 4 5 6 7
SEVERIN
Made in Germany

POUR 8 POTS - PRÉPARATION 15 MINUTES + TEMPS DE PRISE EN YAOURTIÈRE

YAOURTS À LA MANGUE

- 1 litre de lait entier
- 1 yaourt-ferment

MANGUE

- ½ mangue
- 3 cuillerées à soupe de sucre blond

1. Coupez la demi-mangue en morceaux, enrobez-les de sucre. Mettez-les au fond des pots.
2. Mélangez soigneusement le lait avec le yaourt-ferment. Répartissez le mélange dans les pots, sur les mangues.
3. Mettez en yaourtière. Mélangez au moment de servir.

BON À SAVOIR

Ces yaourts, en raison de l'acidité naturelle des fruits, doivent être consommés très rapidement.

POUR 8 POTS - PRÉPARATION 15 MINUTES + TEMPS DE PRISE EN YAOURTIÈRE - REPOS 1 HEURE

YAOURTS AUX FRAMBOISES

- 1 litre de lait entier
- 1 yaourt-ferment

FRAMBOISES

- 150 g de framboises
- 70 g de sucre

1. Laissez macérer les framboises dans le sucre pendant 1 heure. Égouttez-les bien avant de les placer au fond des pots.
2. Mélangez soigneusement le lait avec le yaourt-ferment.
3. Répartissez le mélange dans les pots, sur les framboises. Mettez en yaourtière.

POUR 8 POTS - PRÉPARATION 15 MINUTES + TEMPS DE PRISE EN YAOURTIÈRE - CUISSON 10 MINUTES

YAOURTS AUX POMMES TATIN

- 1 litre de lait entier
- 1 yaourt-ferment

POMMES TATIN

- 1 pomme à chair ferme
- 1 cuillerée à soupe de beurre
- 50 g de sucre roux

VARIANTE

Vous pouvez utiliser 1 banane à la place de la pomme.

1. Coupez la pomme en morceaux, faites-les revenir à la poêle dans le beurre. Lorsqu'ils sont bien revenus, recouvrez de sucre roux et faites caraméliser. Dès que le caramel est blond, arrêtez et répartissez la préparation dans vos pots de yaourt.

2. Mélangez soigneusement le lait avec le yaourt-ferment.

3. Répartissez le mélange dans les pots sur les pommes tatin. Mettez en yaourtière.

POUR 8 POTS - PRÉPARATION 15 MINUTES + TEMPS DE PRISE EN YAOURTIÈRE - INFUSION 2 HEURES

YAOURTS NOIX DE COCO & SIROP D'ÉRABLE

- 1 litre de lait entier
- 1 yaourt-ferment
- 60 g de noix de coco râpée
- Sirop d'érable

VARIANTES

Vous pouvez remplacer la valeur d'un pot de yaourt de lait de vache par l'équivalent en lait de coco.
Pour des yaourts à la noix de coco et au chocolat, ajoutez 4 cuillerées à soupe de poudre cacaotée pour petit déjeuner.

1. Faites bouillir le lait avec la noix de coco. Couvrez et laissez infuser 2 heures. Lorsque le lait est bien refroidi, filtrez-le.
2. Mélangez soigneusement le lait filtré avec le yaourt-ferment. Battez vivement.
3. Répartissez le mélange dans les pots. Mettez en yaourtière.
4. Au moment de servir, nappez le dessus des yaourts avec du sirop d'érable.

yaourt
yaourt

POUR 8 POTS - PRÉPARATION 15 MINUTES + TEMPS DE PRISE EN YAOURTIÈRE

YAOURTS AU SORBET À LA CERISE

- 1 litre de lait entier
- 1 yaourt-ferment
- 120 g de sorbet à la cerise

CONSEIL

Vous pouvez utiliser tous les sorbets aux fruits que vous aimez.

1. Laissez fondre le sorbet à la cerise.

2. Mélangez soigneusement le lait avec le yaourt-ferment. Ajoutez le sorbet fondu et mélangez bien.

3. Répartissez dans les pots. Mettez en yaourtière.

POUR 8 POTS - PRÉPARATION 15 MINUTES + TEMPS DE PRISE EN YAOURTIÈRE - INFUSION 3 HEURES

YAOURTS CITRON & VIOLETTES

- 1 litre de lait entier
- 1 yaourt-ferment
- 1 gros citron non traité
- 3 cuillerées à soupe de sucre roux
- Violettes au sucre

1. Prélevez les zestes du citron à l'économe. Faites bouillir le lait avec les zestes, et laissez infuser pendant 3 heures. Enlevez les zestes.
2. Mélangez le lait infusé avec le yaourt-ferment. Ajoutez le sucre. Répartissez dans les pots et mettez en yaourtière.
3. Au moment de servir, ajoutez quelques violettes au sucre.

BON À SAVOIR

Ce yaourt se marie très bien avec des pruneaux d'Agen frais coupés en morceaux (1 pruneau par pot).

POUR 8 POTS - PRÉPARATION 15 MINUTES + TEMPS DE PRISE EN YAOURTIÈRE - CUISSON 15 MINUTES

YAOURTS AU LEMON CURD

- 1 litre de lait entier
- 1 yaourt-ferment

LEMON CURD

- Le jus de 1 citron
- Le zeste de 1 citron non traité
- 75 g de sucre
- 2 œufs battus
- 50 g de beurre

1. Mélangez tous les ingrédients du lemon curd et faites cuire au bain-marie jusqu'à ce que le mélange épaississe, puis laissez refroidir.
2. Répartissez 1 cuillerée à soupe de lemon curd au fond des pots. Mélangez le lait avec le yaourt-ferment.
3. Répartissez dans les pots. Mettez en yaourtière.

POUR 8 POTS - PRÉPARATION 15 MINUTES + TEMPS DE PRISE EN YAOURTIÈRE

YAOURTS À LA VANILLE

- 1 litre de lait entier
- 1 yaourt-ferment
- ½ gousse de vanille
- 3 sachets de sucre vanillé

CONSEIL

Pour un parfum plus soutenu, faites infuser 1 gousse de vanille dans le lait bouillant, puis laissez le lait refroidir avant de préparer vos yaourts.

1. Grattez l'intérieur de la gousse de vanille et répartissez les petites graines noires dans les pots.

2. Mélangez soigneusement le lait avec le yaourt-ferment et ajoutez les sachets de sucre vanillé.

3. Répartissez le mélange dans les pots. Mettez en yaourtière.

POUR 8 POTS - PRÉPARATION 15 MINUTES + TEMPS DE PRISE EN YAOURTIÈRE

YAOURTS NOIX DE MACADAMIA & CARAMEL

- 1 litre de lait entier
- 1 yaourt-ferment
- 200 g de glace vanille avec des morceaux de noix de macadamia et du caramel

BON À SAVOIR

Toutes les glaces peuvent être utilisées sur le même principe. Les meilleurs résultats sont obtenus avec des glaces au parfum soutenu : caramel, menthe-chocolat, etc.

1. Laissez fondre la glace.
2. Pendant ce temps, mélangez soigneusement le lait avec le yaourt-ferment. Ajoutez la glace fondue et mélangez bien.
3. Répartissez dans les pots et mettez en yaourtière.

POUR 8 POTS - PRÉPARATION 15 MINUTES + TEMPS DE PRISE EN YAOURTIÈRE

YAOURTS AU CAFÉ VANILLÉ

- 1 litre de lait entier
- 1 yaourt-ferment
- 2 cuillerées à soupe de café soluble
- 2 cuillerées à soupe de sucre
- 1 sachet de sucre vanillé

1. Mélangez le lait légèrement tiédi avec le yaourt-ferment. Ajoutez le café soluble et mélangez soigneusement jusqu'à ce qu'il soit parfaitement dissous. Ajoutez le sucre.
2. Répartissez dans les pots et mettez en yaourtière.

yaourt

POUR 8 POTS - PRÉPARATION 15 MINUTES + TEMPS DE PRISE EN YAOURTIÈRE

YAOURTS AU CHOCOLAT

- 1 litre de lait entier
- 1 yaourt-ferment
- 5 cuillerées à soupe de poudre cacaotée pour petit déjeuner

BON À SAVOIR

Selon la marque de la poudre chocolatée, elle peut être mise directement dans du lait froid (sans avoir besoin de le faire tiédir auparavant).

1. Mélangez soigneusement le lait légèrement tiédi avec le yaourt-ferment. Ajoutez la poudre cacaotée et fouettez soigneusement jusqu'à ce qu'elle soit parfaitement dissoute.

2. Répartissez dans les pots et mettez en yaourtière. Avant de servir, mélangez.

DE NORMANDIE
ARRIVAGE 2 FOIS PAR JOUR
le bon lait

POUR 8 POTS - PRÉPARATION 15 MINUTES + TEMPS DE PRISE EN YAOURTIÈRE

YAOURTS POIRE & VERMICELLES CHOCO

- 1 litre de lait entier
- 1 yaourt-ferment
- 4 poires au sirop
- Vermicelles de chocolat
- 3 cuillerées à soupe de sucre brun (facultatif)

BON À SAVOIR

Ces yaourts, en raison de l'acidité naturelle des fruits, doivent être consommés rapidement.

1. Égouttez soigneusement les poires au sirop. Coupez-les en gros morceaux et répartissez-les dans les pots de yaourt. Comptez ½ poire par pot.
2. Mélangez soigneusement le lait avec le yaourt-ferment. Versez le mélange dans les pots.
3. Saupoudrez chaque pot de vermicelles de chocolat et mettez en yaourtière.

POUR 8 POTS - PRÉPARATION 15 MINUTES + TEMPS DE PRISE EN YAOURTIÈRE

YAOURTS AUX MORCEAUX DE CHOCOLAT

- 1 litre de lait entier
- 1 yaourt-ferment
- 5 carrés de chocolat à l'orange à croquer
- 4 cuillerées à soupe de sucre

1. Cassez les carrés de chocolat à croquer en petits morceaux et répartissez-les dans les pots.
2. Mélangez soigneusement le lait avec le yaourt-ferment et ajoutez le sucre.
3. Versez le mélange dans les pots. Mettez en yaourtière.

POUR 8 POTS - PRÉPARATION 15 MINUTES + TEMPS DE PRISE EN YAOURTIÈRE - CUISSON 5 MINUTES

YAOURTS À LA CRÈME & CARAMEL

- 1 litre de lait entier
- 1 yaourt-ferment
- 2 cuillerées à soupe de crème fraîche épaisse

CARAMEL

- 100 g de sucre
- 2 cuillerées à soupe d'eau

1. Mettez le sucre et l'eau dans une petite casserole et placez sur feu vif. Arrêtez lorsque le caramel commence à blondir et faites-le aussitôt couler au fond des pots.
2. Mélangez soigneusement le lait avec le yaourt-ferment, ajoutez la crème fraîche et fouettez.
3. Versez le mélange dans les pots, sur le caramel, et mettez en yaourtière.

BON À SAVOIR

Le caramel se solidifie très vite, mais redeviendra liquide lorsque la yaourtière sera mise en marche.

POUR 8 POTS - PRÉPARATION 15 MINUTES + TEMPS DE PRISE EN YAOURTIÈRE

YAOURTS SAUCE AU CARAMEL & PRALINÉ

- 1 litre de lait entier
- 1 yaourt-ferment
- 8 cuillerées à soupe de sauce au caramel
- 4 cuillerées à soupe de praliné

1. Répartissez le praliné au fond des pots.
2. Mélangez soigneusement le lait avec le yaourt-ferment et la sauce au caramel.
3. Mettez en yaourtière.

POUR 8 POTS - PRÉPARATION 15 MINUTES + TEMPS DE PRISE EN YAOURTIÈRE

YAOURTS À LA PÂTE À TARTINER

- 1 litre de lait entier
- 1 yaourt-ferment
- 4 cuillerées à soupe de pâte à tartiner

ASTUCE

Vous pouvez aussi mettre la pâte à tartiner directement dans le fond des pots, et verser le lait par-dessus.

1. Faites chauffer le lait, ajoutez la pâte à tartiner et remuez bien jusqu'à complète dissolution de la pâte. Laissez refroidir.
2. Lorsque le lait est tiède, ajoutez le yaourt-ferment et mélangez bien.
3. Répartissez dans les pots. Mettez en yaourtière.

POUR 8 POTS - PRÉPARATION 15 MINUTES + TEMPS DE PRISE EN YAOURTIÈRE

YAOURTS À LA RÉGLISSE

- 1 litre de lait entier
- 1 yaourt-ferment
- 4 cuillerées à café de concentré de réglisse Antésite®

1. Mélangez soigneusement le lait avec le yaourt-ferment. Ajoutez le concentré de réglisse.
2. Répartissez dans les pots. Mettez en yaourtière.

VARIANTES

Déclinez les parfums : anis, menthe, etc.

POUR 8 POTS - PRÉPARATION 15 MINUTES + TEMPS DE PRISE EN YAOURTIÈRE

YAOURTS AU GINGEMBRE

- 1 litre de lait entier
- 1 yaourt-ferment
- 1 cuillerée à soupe de gingembre en poudre

1. Mélangez le lait avec le gingembre en poudre. Ajoutez le yaourt-ferment, fouettez le mélange.
2. Répartissez dans les pots. Mettez en yaourtière.

SEVERIN
Made in Germany

POUR 8 POTS - PRÉPARATION 15 MINUTES + TEMPS DE PRISE EN YAOURTIÈRE - INFUSION 1 HEURE

YAOURTS CARDAMOME & ANIS VERT

- 1 litre de lait entier
- 1 yaourt-ferment
- 8 gousses de cardamome
- 2 cuillerées à soupe d'anis vert

1. Faites bouillir le lait et laissez infuser la cardamome et l'anis vert pendant 1 bonne heure.

2. Une fois le lait refroidi, filtrez, puis ajoutez le yaourt-ferment et mélangez bien. Pour un goût plus soutenu, vous pouvez aussi laisser l'anis vert.

3. Répartissez dans les pots. Mettez en yaourtière.

POUR 8 POTS - PRÉPARATION 15 MINUTES + TEMPS DE PRISE EN YAOURTIÈRE

YAOURTS BLEUS, ROSES, VERTS

- 1 litre de lait entier
- 1 yaourt-ferment

COULEUR BLEUE

- 2 cuillerées à café de curaçao par pot

COULEUR ROSE

- 2 cuillerées à café de liqueur de fraise par pot ou 2 cuillerées à café de crème de cassis

COULEUR VERTE

- 2 cuillerées à café de liqueur légère de menthe verte par pot

1. Pour les yaourts bleus, mettez dans chaque pot 2 cuillerées à café de curaçao.

2. Pour les yaourts roses, mettez dans chaque pot 2 cuillerées à café de liqueur de fraise (ou de crème de cassis).

3. Pour les yaourts verts, mettez dans chaque pot 2 cuillerées à café de liqueur de menthe.

4. Mélangez soigneusement le lait avec le yaourt-ferment. Répartissez le mélange dans les pots. Mettez en yaourtière.

10
20

POUR 8 POTS - PRÉPARATION 15 MINUTES + TEMPS DE PRISE EN YAOURTIÈRE - INFUSION 3 HEURES

YAOURTS À LA CATALANE

- 1 litre de lait entier
- 1 yaourt-ferment
- 1 écorce de citron non traité
- 1 écorce d'orange non traitée
- 1 cuillerée à soupe d'anis vert
- 1 gousse de vanille

VARIANTE

Vous pouvez ajouter 3 cuillerées à soupe de sucre roux.

1. Prélevez les zestes du citron et de l'orange à l'économe, sans laisser de partie blanche amère.
2. Faites bouillir le lait avec les zestes, l'anis et la gousse de vanille, et laissez infuser pendant 3 heures.
3. Filtrez et mélangez avec le yaourt-ferment. Répartissez dans les pots et mettez en yaourtière.

POUR 8 POTS - PRÉPARATION 15 MINUTES + TEMPS DE PRISE EN YAOURTIÈRE - INFUSION 30 MINUTES

YAOURTS VERVEINE-MENTHE

- 1 litre de lait entier
- 1 yaourt-ferment
- 2 sachets d'infusion verveine-menthe

VARIANTES

Utilisez les infusions que vous voulez, telles que tilleul-menthe ou des mélanges plus exotiques.

1. Faites bouillir le lait. Plongez dedans les sachets d'infusion verveine-menthe. Laissez infuser 30 minutes. Enlevez les sachets et laissez le lait refroidir.
2. Une fois le lait refroidi, mélangez-le avec le yaourt-ferment.
3. Répartissez dans les pots et mettez en yaourtière.

POUR 8 POTS - PRÉPARATION 15 MINUTES + TEMPS DE PRISE EN YAOURTIÈRE

YAOURTS AU MIEL & AMANDES GRILLÉES

- 1 litre de lait entier
- 1 yaourt-ferment
- 5 cuillerées à soupe de miel liquide
- Une trentaine d'amandes grillées non salées

VARIANTE

Vous pouvez remplacer le miel par du sirop d'érable, au goût très léger.

1. Répartissez le miel liquide dans les pots avec les amandes grillées.
2. Mélangez le lait avec le yaourt-ferment. Versez le mélange dans les pots.
3. Mettez en yaourtière.

MIEL

POUR 8 POTS - PRÉPARATION 15 MINUTES + TEMPS DE PRISE EN YAOURTIÈRE - INFUSION 3 HEURES

YAOURTS AMANDE & PISTACHE

- 1 litre de lait entier
- 1 yaourt-ferment
- 100 g de poudre d'amandes
- 3 cuillerées à soupe de sucre roux
- Une trentaine de pistaches

VARIANTE

Vous pouvez ajouter 1 cuillerée à café de praliné au fond de chaque pot.

1. Faites bouillir le lait avec le sucre et la poudre d'amandes, puis laissez infuser pendant 3 heures. Filtrez.

2. Une fois le lait refroidi, mélangez avec le yaourt-ferment et mettez en pots. Ajoutez les pistaches décortiquées et sans la peau.

3. Mettez en yaourtière.

POUR 8 POTS - PRÉPARATION 15 MINUTES + TEMPS DE PRISE EN YAOURTIÈRE

YAOURTS AU MUESLI

• 1 litre de lait entier
• 1 yaourt-ferment
• 5 cuillerées à soupe de muesli
avec des fruits secs

1. Répartissez le muesli dans les pots.
2. Mélangez le lait avec le yaourt-ferment. Versez dans les pots.
3. Mettez en yaourtière.

POUR 8 POTS - PRÉPARATION 15 MINUTES + TEMPS DE PRISE EN YAOURTIÈRE

YAOURTS AUX GRAINES

• 1 litre de lait entier
• 1 yaourt-ferment
• 3 cuillerées à soupe de graines
de tournesol
• 1 cuillerée à soupe de graines de lin

1. Faites légèrement griller les graines dans une poêle, sans matière grasse. Répartissez dans les pots.
2. Mélangez le lait avec le yaourt-ferment. Répartissez le mélange dans les pots.
3. Mettez en yaourtière.

POUR 8 POTS - PRÉPARATION 15 MINUTES + TEMPS DE PRISE EN YAOURTIÈRE

YAOURTS AUX GALETTES DE RIZ

- 1 litre de lait entier
- 1 yaourt-ferment
- 4 galettes de riz au chocolat

1. Cassez les galettes de riz au chocolat en petits morceaux et répartissez-les dans les pots.
2. Mélangez le lait avec le yaourt-ferment et versez-le dans les pots. Mettez en yaourtière.
3. Le chocolat remonte en surface, la galette reste au fond !

POUR 8 POTS - PRÉPARATION 15 MINUTES + TEMPS DE PRISE EN YAOURTIÈRE

YAOURTS AUX BARRES DE CÉRÉALES

- 1 litre de lait entier
- 1 yaourt-ferment
- 7 petites galettes d'avoine
- 2 barres de céréales

1. Émiettez les petites galettes d'avoine et les barres de céréales dans les pots.
2. Mélangez le lait avec le yaourt-ferment et versez-le dans les pots.
3. Mettez en yaourtière.

VARIANTE

Vous pouvez ajouter de la confiture dans le fond des pots pour un yaourt encore plus énergétique.

POUR 8 POTS - PRÉPARATION 15 MINUTES + TEMPS DE PRISE EN YAOURTIÈRE

YAOURTS PRALINÉS

- 1 litre de lait entier
- 1 yaourt-ferment
- 5 cuillerées à soupe de praliné

CONSEIL

Vous pouvez utiliser de la pâte de praliné (magasins spécialisés pour pâtissiers). Plus forte en goût, 1 cuillerée à café par pot est suffisante. Cette pâte doit être fouettée avec le mélange lait + yaourt-ferment.

1. Répartissez le praliné dans le fond des pots.
2. Mélangez le lait avec le yaourt-ferment. Versez dans les pots.
3. Mettez en yaourtière.

POUR 8 POTS - PRÉPARATION 15 MINUTES + TEMPS DE PRISE EN YAOURTIÈRE

YAOURTS À LA CRÈME ANGLAISE

- 1 litre de lait entier
- 1 yaourt-ferment
- 3 cuillerées à soupe de préparation en poudre pour crème anglaise

1. Mélangez le lait avec le yaourt-ferment et la préparation pour crème anglaise.
2. Versez le mélange dans les pots. Mettez en yaourtière.

POUR 8 POTS - PRÉPARATION 15 MINUTES + TEMPS DE PRISE EN YAOURTIÈRE

YAOURTS BROWNIES NOISETTES

- 1 litre de lait entier
- 1 yaourt-ferment
- 120 g de brownies au chocolat et aux noisettes (ou 15 g de brownies par pot)

VARIANTES

Essayez avec d'autres gâteaux : madeleines, spéculoos, petits-beurre, etc.

1. Pour une recette lisse, écrasez les brownies à la fourchette. Mélangez le lait avec le yaourt-ferment. Ajoutez les brownies et fouettez le tout. Versez le mélange dans les pots. Mettez en yaourtière. Vos yaourts sont bicolores, avec un délicieux goût de chocolat-noisettes.

2. Pour une recette avec morceaux, coupez les brownies en morceaux. Mélangez le lait avec le yaourt-ferment. Ajoutez les brownies (vous pouvez varier la quantité de brownie par yaourt). Versez le mélange dans les pots. Mettez en yaourtière.

POUR 8 POTS - PRÉPARATION 15 MINUTES + TEMPS DE PRISE EN YAOURTIÈRE

YAOURTS AUX CRÊPES SUZETTE

- 1 litre de lait entier
- 1 yaourt-ferment
- 2 grandes crêpes Suzette

1. Faites bouillir les crêpes Suzette fraîches dans le lait. Laissez infuser, filtrez.
2. Mélangez le lait infusé avec le yaourt-ferment et versez-le dans les pots. Mettez en yaourtière.

POUR 8 POTS - PRÉPARATION 15 MINUTES + TEMPS DE PRISE EN YAOURTIÈRE

YAOURTS AUX ŒUFS

- 1 litre de lait entier
- 1 yaourt-ferment
- 1 œuf battu
- 3 cuillerées à soupe de sucre

1. Mélangez soigneusement le lait avec le yaourt-ferment et l'œuf battu. Ajoutez le sucre.
2. Versez le mélange dans les pots. Mettez en yaourtière.

LAIT de JUMENT
CHEVALAIT

POUR 8 POTS - PRÉPARATION 15 MINUTES + TEMPS DE PRISE EN YAOURTIÈRE

YAOURTS NOIX DE CAJOU & PAPRIKA

- 1 litre de lait entier
- 1 yaourt-ferment
- Une trentaine de noix de cajou (selon la grosseur)
- ¼ de cuillerée à café de paprika

1. Répartissez les noix de cajou dans les pots.
2. Mélangez le lait avec le yaourt-ferment.
3. Versez le lait dans les pots. Saupoudrez de paprika. Mettez en yaourtière.

VARIANTES

Vous pouvez remplacer les noix de cajou par des amandes, des pistaches, des noix du Brésil, des noix de macadamia, des noisettes, des noix, etc.

POUR 8 POTS - PRÉPARATION 15 MINUTES + TEMPS DE PRISE EN YAOURTIÈRE

YAOURTS SÉSAME & CARVI

- 1 litre de lait entier
- 1 yaourt-ferment
- 2 cuillerées à soupe de graines de sésame
- 2 cuillerées à soupe de graines de carvi

1. Mélangez le lait avec le yaourt-ferment. Ajoutez les graines de sésame et de carvi.
2. Versez le mélange dans les pots. Mettez en yaourtière.

LES INGRÉDIENTS POUR FAIRE SES FROMAGES

LE LAIT

Selon le lait utilisé, vous obtiendriez des fromages différents.
- Le lait entier donne de meilleurs résultats.
- Le lait UHT (longue conservation) donne un fromage blanc assez souple.
- Pour obtenir une faisselle, il faut utiliser du lait frais pasteurisé, du lait microfiltré ou du lait cru. Le lait cru doit impérativement bouillir, puis refroidir avant d'être utilisé.
- Privilégiez l'utilisation de lait bio, exempt de pesticides et d'antibiotiques.
- Vous pouvez utiliser du lait de vache, de chèvre ou de brebis. Vous pouvez aussi mélanger lait de vache et lait de chèvre.
- La boisson de soja donne aussi du fromage frais.

LA PRÉSURE

La présure d'origine animale provient du quatrième estomac, appelé aussi « caillette », de jeunes ruminants non sevrés. On la trouve en pharmacie, sous forme de petit tube compte-gouttes. Elle se conserve au réfrigérateur. Quelques gouttes suffisent pour faire cailler 1 litre de lait, et donnent un fromage blanc doux et onctueux. Une fois la présure ajoutée au lait, remuez-le le moins possible.

On peut remplacer la présure par :
- du jus de citron : 3 cuillerées à soupe ou ½ citron permettent de faire cailler 1 litre de lait rapidement. C'est un caillé très sec, parfait pour les fromages pressés (paneer).
- du vinaigre, dans les mêmes proportions que le jus de citron.
- du nigari (en magasin bio). Il s'agit de chlorure de magnésium en paillettes. La dose habituelle est de 2 grosses cuillerées à café diluées dans 4 cuillerées à soupe d'eau. On l'utilise principalement pour le tofu. On trouve aussi le chlorure de magnésium en pharmacie, en sachet de 20 g (même dosage que le nigari).

LE FERMENT LACTIQUE

- Pour la première tournée, on peut utiliser un petit-suisse du commerce, ou 100 g de fromage blanc frais lisse ou en faisselle, de préférence bio.
- Ensuite, il suffit de garder le petit-lait des tournées précédentes : 120 ml de petit-lait suffisent pour faire cailler 1 litre ou 1,5 litre de lait, ajouté à la présure.
- Le petit-lait se conserve 3 jours au frais. Vous pouvez aussi le congeler.

Il existe des sachets de présure en poudre et ferments lactiques prêts à l'emploi pour fromage frais (en magasin bio).

PRESURE

COMMENT FAIRE SON FROMAGE ?

AVEC OU SANS FROMAGÈRE ?

Les fromagères se présentent comme des yaourtières et fonctionnent sur le même principe : munies d'une résistance électrique, elles permettent de garder la préparation à la bonne température pendant le temps voulu. Préférez les fromagères qui vous laissent le choix entre l'utilisation de 4 petites faisselles, ou d'une grande (pour 1,5 litre de lait). Les petites faisselles sont particulièrement adaptées à la préparation de fromage demi-sec. Certaines fromagères proposent un système d'égouttage de faisselles. Toutes les recettes peuvent également être réalisées dans une cocotte en fonte. Récupérez alors des faisselles en plastique du commerce (avec leur pot). Le résultat obtenu est un peu moins ferme, mais particulièrement doux (voir page 82).

USTENSILES COMPLÉMENTAIRES

- De l'étamine, mousseline, gaze ou tissu très fin pour l'égouttage et le pressage.
- Un thermomètre de cuisine, gradué jusqu'à 100 °C.

IL FAUT DU TEMPS !

Les temps indiqués dans les recettes sont donnés à titre indicatif. Ils peuvent varier selon les fromagères, le lait, la température extérieure et le type de ferment lactique ou de présure.
La première tournée est toujours la plus longue. Ne vous inquiétez pas si le fromage obtenu n'est pas très ferme, même au bout de 15 heures. Les tournées suivantes seront bien plus solides et plus rapides.
Il est conseillé de changer de ferment – en reprenant du fromage blanc, de la faisselle ou du petit-suisse du commerce, à 30 % de matière grasse –, toutes les 6 ou 7 tournées, ou quand le fromage prend un goût un peu acide.

LES QUANTITÉS

Avec 1 litre de lait entier, on obtient environ :
- 400 g de fromage blanc ;
- entre 200 et 300 g de fromage en faisselle (selon l'égouttage) ;
- environ 150 g de fromage demi-sec.

Plus le lait est gras, plus les fromages seront gros.

ASTUCES

HYGIÈNE

Tous les ustensiles (faisselles, fouet, saladier...) doivent être d'une propreté irréprochable. Lavez-les avec du produit vaisselle après utilisation et repassez-les à l'eau très chaude, sans détergent, juste avant de les utiliser.

TEMPÉRATURE

En hiver, placez la fromagère à l'abri du froid et des courants d'air. N'y touchez pas tant qu'elle est en marche.
Le lait doit être tiède, mais non chaud. Ne dépassez pas 35 °C.

MÉLANGE

Vous pouvez fouetter le mélange fromage blanc (qui sert de ferment) et lait, ou petit-lait et lait, avant de le faire tiédir. Par contre, une fois la présure ajoutée, ne remuez pas la préparation.

ÉGOUTTAGE

Le fromage tout frais est parfois un peu mou. Laissez-le s'égoutter. Ne le remuez pas dans la faisselle au risque de le voir disparaître par les trous.
Pour l'égouttage, il est possible d'utiliser des étamines, des mousselines ou de la gaze (en pharmacie). Lavez la gaze à l'eau et au savon avant la première utilisation.

LE PETIT-LAIT

Congelez le petit-lait de vos premières tournées en en mettant 120 ml par sac de congélation : soit exactement ce dont vous aurez besoin pour réensemencer une tournée.

PROBLÈMES ET SOLUTIONS

Si vous obtenez un fromage blanc ou une faisselle trop liquide, dont le petit-lait se sépare mal :
- Allongez le temps de prise. Si au bout de 15 heures le fromage n'est pas fait, remettez la fromagère sur 5 heures.
- Ajoutez 1 cuillerée à café de jus de citron à la préparation.
- Ajoutez 1 ou 2 gouttes de présure.
- Changez de lait : prenez du lait frais pasteurisé entier plutôt que du lait UHT. Le lait écrémé ou demi-écrémé donne toujours un fromage moins ferme avec un goût plus acide.

Si au contraire, votre fromage en faisselle est trop ferme ou un peu granuleux :
- Réduisez la quantité de présure et laissez-le moins longtemps dans la fromagère.
- Faites-le moins égoutter.
- Ajoutez du petit-lait ou du lait pour le détendre.

POUR 400 G - PRÉPARATION 10 MINUTES - EN FROMAGÈRE 10 À 15 HEURES
ÉGOUTTAGE 30 MINUTES + 1 HEURE AU RÉFRIGÉRATEUR

FROMAGE BLANC NATURE

PREMIÈRE TOURNÉE

- 1 litre de lait entier UHT, bio de préférence
- 6 à 8 gouttes de présure
- 1 petit-suisse ou 100 g de fromage blanc lisse ou en faisselle, à 30 % de matière grasse minimum

TOURNÉES SUIVANTES

- 1 litre de lait entier UHT, bio de préférence
- 5 gouttes de présure
- 100 g de fromage blanc pris sur la tournée précédente

BON À SAVOIR

Ce fromage blanc rend peu de petit-lait, il reste très souple. Une valeur sûre !

IMPORTANT

Au bout de 5 ou 6 tournées, reprenez 1 petit-suisse ou du fromage blanc du commerce comme ferment.

1 PREMIÈRE TOURNÉE

Faites tiédir le lait à 30 °C avec le petit-suisse ou le fromage blanc. Mélangez soigneusement. Ajoutez 6 à 8 gouttes de présure. Remuez le moins possible. Versez dans les faisselles et leur pot sans mettre de couvercle et placez dans la fromagère. Laissez 15 heures.

Une fois le fromage blanc fait, sortez les faisselles de la fromagère, laissez-les s'égoutter 30 minutes à l'air libre, puis mettez-les au réfrigérateur où elles continueront à s'égoutter jusqu'au moment de servir.

2 TOURNÉES SUIVANTES

Faites tiédir le lait à 30 °C avec 100 g de fromage blanc pris de la tournée précédente. Ajoutez 5 gouttes de présure. Remuez le moins possible. Versez dans les faisselles et leur pot sans mettre de couvercle et placez dans la fromagère. Laissez entre 10 et 15 heures.

Une fois le fromage blanc fait, sortez les faisselles de la fromagère, laissez-les s'égoutter 30 minutes à l'air libre, puis mettez-les au réfrigérateur où elles continueront à s'égoutter jusqu'au moment de servir.

POUR 4 PERSONNES - PRÉPARATION 5 MINUTES + PRÉPARATION DU FROMAGE BLANC

FROMAGE BLANC À LA CRÈME DE MARRONS

- 300 g de fromage blanc (voir page 72)
- 4 cuillerées à soupe de crème de marrons
- 4 cuillerées à soupe de crème fraîche épaisse
- 4 cuillerées à café de brisures de marron glacé

1. Préparez le fromage blanc selon la recette de base et laissez s'égoutter 4 à 6 heures.

2. Mélangez la crème de marrons avec la crème fraîche épaisse. Déposez le mélange au fond de 4 verrines.

3. Mélangez le fromage blanc avec des brisures de marron glacé. Ajoutez le fromage blanc sur la couche de crème de marron.

POUR 4 PERSONNES - PRÉPARATION 10 MINUTES
+ PRÉPARATION DU FROMAGE BLANC - TREMPAGE 12 HEURES

FROMAGE CRÉMEUX AUX PRUNEAUX

- 300 g de fromage blanc (voir page 72), égoutté pendant 24 heures minimum
- 80 g de crème fraîche épaisse
- 200 g de pruneaux d'Agen non dénoyautés
- 4 cuillerées à soupe d'armagnac dilué dans 250 ml d'eau tiède
- 30 g de sucre blond

1. Laissez infuser les pruneaux entiers dans l'eau additionnée d'armagnac pendant 12 heures.

2. Dénoyautez les pruneaux. Ajoutez le fromage blanc bien égoutté et le sucre.

3. Mixez jusqu'à obtenir un mélange très lisse. Fouettez la crème fraîche, puis ajoutez-la au mélange.

4. Placez le tout au réfrigérateur et servez très froid.

POUR 400 G - PRÉPARATION 20 MINUTES

PETITES SAUCES AU FROMAGE BLANC

BAIES ROUGES & NOIX DE PÉCAN

- 100 g de fromage blanc (voir page 72)
- 12 baies rouges
- 8 noix de pécan hachées
- Un filet d'huile d'olive
- Sel
- Noix de pécan pour décorer

HERBES AROMATIQUES & GRAINES DE TOURNESOL

- 100 g de fromage blanc (voir page 72)
- ½ c. à c. de ciboulette
- ½ c. à c. de coriandre
- ½ c. à c. d'aneth
- ½ c. à c. de persil
- 1 cuillerée à soupe de graines de tournesol grillées
- Un filet d'huile d'olive
- Sel
- Aneth et graines de tournesol pour décorer

PAVOT & PISTACHES

- 100 g de fromage blanc (voir page 72)
- 1 cuillerée à café de graines de pavot bleu
- 2 pincées d'origan séché
- 1 cuillerée à soupe de pistaches hachées
- Un filet d'huile d'olive
- Sel
- Pistaches et graines de pavots pour décorer

CURRY & NOIX DE CAJOU

- 100 g de fromage blanc (voir page 72)
- ½ c. à c. de curry en poudre
- Une dizaine de noix de cajou
- Un filet d'huile d'olive
- Sel, poivre
- Coriandre fraîche pour décorer

1. Mélangez soigneusement tous les ingrédients, arrosez d'huile d'olive, puis décorez le dessus.

2. Servez en apéritif ou en entrée légère, accompagné de crackers ou de gressinis.

POUR 400 G - PRÉPARATION 5 MINUTES - EN FROMAGÈRE 15 HEURES - ÉGOUTTAGE 30 MINUTES + 1 HEURE AU RÉFRIGÉRATEUR

FROMAGE BLANC AU SOJA

- 1 litre de boisson de soja nature (ni enrichie, ni sucrée), bio de préférence
- 4 gouttes de présure
- 100 g de brassé au soja nature, du commerce ou fait maison

BON À SAVOIR

Certaines boissons de soja (notamment enrichies ou sucrées) ne conviennent pas à la réalisation de fromage frais. Si vous n'obtenez pas le résultat escompté, changez de marque de boisson de soja.

1. Faites tiédir la boisson de soja à 30 °C avec le brassé au soja et mélangez bien. Ajoutez la présure. Versez dans les faisselles et leur pot, et branchez la fromagère sur 15 heures.

2. Une fois les fromages faits, mettez les faisselles au réfrigérateur en position d'égouttage jusqu'au moment de servir.

3. Dégustez le fromage blanc avec un peu de sucre à la vanille, de la confiture, du miel ou du sirop d'érable.

4. **TOURNÉES SUIVANTES**
Les tournées suivantes se réaliseront exactement de la même manière. Pensez à garder 100 g de fromage de la tournée précédente en guise de ferment.

POUR 200 À 300 G - PRÉPARATION 5 MINUTES - EN FROMAGÈRE 15 HEURES - ÉGOUTTAGE 30 MINUTES + 1 HEURE AU RÉFRIGÉRATEUR

FAISSELLE NATURE

PREMIÈRE TOURNÉE

- 1 litre de lait frais pasteurisé entier, bio de préférence
- 4 gouttes de présure
- 100 g de fromage blanc du commerce à 30 % de matière grasse, bio de préférence, ou 1 petit-suisse

TOURNÉES SUIVANTES

- 1 litre de lait frais pasteurisé entier, bio de préférence
- 4 gouttes de présure
- 120 ml de petit-lait de la tournée précédente ou 100 g de fromage frais

1 PREMIÈRE TOURNÉE

Mélangez le petit-suisse ou le fromage blanc avec le lait et faites tiédir à 30 °C. Ajoutez 4 gouttes de présure. Versez dans les faisselles et leur pot en remuant le moins possible. Branchez la fromagère sur 15 heures.

Une fois le fromage fait, le petit-lait s'est séparé du caillé. Conservez le petit-lait pour les tournées suivantes.

Laissez les faisselles s'égoutter 30 minutes à l'air libre, puis mettez-les au réfrigérateur où elles continueront à s'égoutter jusqu'au moment de servir.

2 TOURNÉES SUIVANTES

Mélangez le petit-lait ou le fromage pris de la tournée précédente avec le lait, et faites tiédir à 30 °C. Ajoutez 4 gouttes de présure. Versez dans les faisselles et leur pot en remuant le moins possible.

Branchez la fromagère sur 10 heures. Procédez ensuite comme pour la première tournée.

BON À SAVOIR

Il faut entre 4 et 6 heures d'égouttage pour obtenir une faisselle moelleuse, au moins 24 heures pour une faisselle un peu plus sèche. Si vous obtenez une faisselle trop sèche, réduisez la présure à 3 gouttes et laissez le fromage entre 8 et 10 heures dans la fromagère. Vous pouvez conserver les faisselles 5 à 7 jours au réfrigérateur.

POUR 300 G - PRÉPARATION 5 MINUTES - REPOS 12 HEURES - ÉGOUTTAGE 30 MINUTES
+ 1 HEURE AU RÉFRIGÉRATEUR

FROMAGE EN FAISSELLE SANS FROMAGÈRE

- 1 litre de lait frais pasteurisé entier, bio de préférence
- 5 gouttes de présure
- 1 petit-suisse ou 100 g de fromage blanc, lisse ou en faisselle, à 30 % de matière grasse minimum, ou 120 ml de petit-lait pris sur une tournée précédente

ASTUCE

Récupérez des faisselles et leur pot en plastique du commerce. En été ou par temps chaud, les temps de prise peuvent être beaucoup plus courts : de 6 à 10 heures. Réduisez alors la présure à 3 ou 4 gouttes.

1. Faites tiédir le lait à 30 °C avec le petit-suisse, le fromage blanc ou le petit-lait. Ajoutez la présure et remuez le moins possible.

2. Pendant ce temps, faites bouillir de l'eau dans une cocotte en fonte, puis jetez l'eau bouillante et remplacez-la par de l'eau à 40 °C.

3. Versez le lait tiédi dans des faisselles placées dans leur pot. Mettez les pots sans leur couvercle dans la cocotte en fonte bien chaude. Veillez à ce que l'eau ne déborde pas sur les faisselles ! Posez rapidement le couvercle sur la cocotte, puis recouvrez-la d'une couverture afin de la maintenir au chaud et à l'abri des courants d'air. Laissez-la 12 heures sans la remuer.

4. Au bout de 10 heures, vérifiez si le fromage est prêt : un peu de petit-lait doit apparaître en surface.

5. Lorsque le fromage est fait, sortez les faisselles de la cocotte et laissez-les s'égoutter 30 minutes à l'air libre. Mettez les faisselles au réfrigérateur où elles continueront à s'égoutter. Votre fromage sera un peu moins ferme qu'en fromagère, mais son goût sera particulièrement doux.

POUR 4 PERSONNES - PRÉPARATION 5 MINUTES + PRÉPARATION DE LA FAISSELLE

FAISSELLE POMME SPÉCULOOS

- 300 g de faisselle (voir page 82)
- 1 pomme
- 8 spéculoos
- 2 cuillerées à café de sucre roux

1. Épluchez et râpez grossièrement la pomme. Émiettez les spéculoos. Ajoutez le sucre roux, puis la faisselle.

2. Mélangez le tout soigneusement et servez sans attendre.

POUR 4 PERSONNES - PRÉPARATION 5 MINUTES + PRÉPARATION DE LA FAISSELLE

FAISSELLE AU COULIS DE MANGUE

- 4 petites faisselles très bien égouttées (voir page 82)
- 2 mangues bien mûres
- 2 pincées de cannelle
- 2 pincées de gingembre en poudre
- 2 pincées de vanille en poudre
- 1 cuillerée à soupe de jus de citron
- 2 cuillerées à soupe de sucre glace

1. Coupez les mangues en morceaux, et placez-les dans une casserole avec 1 cuillerée à soupe d'eau, la cannelle, le gingembre, la vanille et le jus de citron. Laissez cuire à feu très doux jusqu'à ce que les mangues aient fondu. Mixez le tout avec le sucre glace et laissez refroidir.

2. Démoulez les fromages frais en faisselle et entourez-les de coulis de mangue bien froid.

POUR 4 PERSONNES - PRÉPARATION 10 MINUTES
+ PRÉPARATION DE LA FAISSELLE OU DU FROMAGE DEMI-SEC

FAISSELLE AUX OLIVES VERTES

- 150 g de faisselle (voir page 82), égouttée pendant 3 ou 4 jours, ou du fromage demi-sec (voir page 114)
- Une dizaine d'olives vertes
- 2 cuillerées à café de graines de sésame
- 1 cuillerée à café de moutarde forte
- 1 cuillerée à café d'aneth haché, frais ou surgelé
- Sel, poivre

1. Dénoyautez et hachez les olives.

2. Mélangez le fromage frais avec la moutarde et l'aneth, ajoutez les graines de sésame légèrement grillées à la poêle à sec, puis les olives. Assaisonnez.

3. Servez sur du pain de campagne grillé.

POUR 4 PERSONNES - PRÉPARATION 15 MINUTES + PRÉPARATION DE LA FAISSELLE

CERVELLE DE CANUT

- 300 g de faisselle (voir page 82), bien égouttée pendant 24 heures minimum
- 1 échalote
- 1 cuillerée à soupe de persil
- 1 cuillerée à soupe de ciboulette
- 1 cuillerée à soupe de cerfeuil
- 1 cuillerée à soupe de crème fraîche épaisse
- 1 cuillerée à soupe d'huile d'olive
- Quelques gouttes de vinaigre de xérès
- Sel, poivre

1. Coupez l'échalote en petits morceaux. Ciselez les fines herbes. Ajoutez l'huile d'olive, la crème fraîche et quelques gouttes de vinaigre de xérès.

2. Mélangez tous ces ingrédients avec le fromage frais à l'aide d'une spatule, sans fouetter. Salez et poivrez.

3. Placez au réfrigérateur et servez très frais, accompagné de tranches de pain de campagne grillées.

POUR 4 PERSONNES - PRÉPARATION 15 MINUTES + PRÉPARATION DE LA FAISSELLE

FAISSELLE AUX HARENGS & BETTERAVE

- 300 g de faisselle (voir page 82), bien égouttée
- 3 filets de hareng fumé
- 1 betterave cuite
- 1 pomme
- 6 petits cornichons
- 1 petit oignon rouge
- 1 cuillerée à café d'huile d'olive
- Ciboulette
- Sel, poivre

1. Coupez les filets de hareng en lanières, la betterave et la pomme en petits dés. Coupez les cornichons en rondelles ainsi que l'oignon.

2. Mélangez tous les ingrédients avec la faisselle, ajoutez un filet d'huile d'olive, sans fouetter.

3. Salez, poivrez et saupoudrez de ciboulette hachée.

POUR 4 PETITS-SUISSES - PRÉPARATION 10 MINUTES
+ PRÉPARATION DU FROMAGE FRAIS EN FAISSELLE - RÉFRIGÉRATION 3 HEURES MINIMUM

FAÇON PETIT-SUISSE

- 4 fromages frais en faisselle (voir page 82), égouttés pendant 48 heures au minimum
- 100 g environ de crème fraîche épaisse

CONSEIL

Servez vos petits-suisses dans des minipots de yaourt, ou dans des petits pots en céramique.

1. Mettez les faisselles bien égouttées dans un saladier et pesez-les. Ajoutez le tiers de leur poids en crème fraîche épaisse.
2. Fouettez le tout jusqu'à obtenir un fromage très lisse. Laissez raffermir au réfrigérateur jusqu'au moment de servir.
3. Ces petits-suisses se gardent 3 à 4 jours au réfrigérateur, dans un récipient muni d'un couvercle.

POUR 400 G - PRÉPARATION 5 MINUTES - ÉGOUTTAGE 4 HEURES MINIMUM

FROMAGE À LA GRECQUE

- 500 g de yaourt nature non sucré, de préférence bio, fait maison ou acheté dans le commerce

BON À SAVOIR

À base de yaourt et sans présure, il ne s'agit pas vraiment de fromage frais. Cependant, la consistance obtenue est très proche de celle d'un fromage blanc très doux. Ce fromage est une base idéale pour des verrines, sucrées ou salées. Vous pouvez aussi l'utiliser pour la recette du tzatziki (voir page 100).

1. Déposez un filtre à café en papier dans un entonnoir ou dans une passoire. Versez le yaourt dans le filtre et laissez-le s'égoutter 4 heures au réfrigérateur jusqu'à ce que la consistance épaississe.

2. Servez-le dans des ramequins et dégustez-le nature ou accompagné d'un peu de sucre, de confiture ou de miel.

3. Cette préparation doit être consommée dans les 48 heures.

POUR 4 PERSONNES - PRÉPARATION 15 MINUTES + PRÉPARATION DU FROMAGE FRAIS - REPOS 1 HEURE

TZATZIKI

- 300 g de fromage à la grecque (voir page 98) ou fromage blanc crémeux (double-crème, voir page 106), ou fromage en faisselle (voir page 82) très bien égoutté
- 100 g de concombre
- 3 cuillerées à soupe d'huile d'olive
- 1 gousse d'ail
- 1 cuillerée à café de vinaigre
- 1 cuillerée à soupe de coriandre
- 1 cuillerée à soupe de menthe (facultatif)
- Sel, poivre

CONSEIL

Servez ce fromage très frais, à l'apéritif, accompagné de légumes crus. Les herbes aromatiques surgelées, prêtes à l'emploi, font tout à fait l'affaire et sont très pratiques !

1. Épluchez le concombre, coupez-le en deux dans le sens de la longueur et retirez les graines à l'aide d'une petite cuillère. Taillez le reste en très petits dés. Ajoutez ½ cuillerée à café de sel fin et laissez dégorger au moins 1 heure dans un saladier.

2. Écrasez l'ail, après avoir enlevé le germe, dans un mortier avec 1 cuillerée à soupe d'huile d'olive et 1 pincée de sel jusqu'à obtenir un mélange lisse et crémeux.

3. Essorez très soigneusement le concombre en le pressant dans vos mains, ne le rincez pas.

4. Dans un saladier, mélangez le concombre pressé, le fromage blanc bien égoutté et l'ail écrasé. Ajoutez petit à petit 2 cuillerées à soupe d'huile d'olive, le vinaigre, les herbes ciselées et le poivre. Mélangez.

5. Rectifiez l'assaisonnement si besoin. Laissez au réfrigérateur 1 heure minimum avant de le servir.

POUR 200 À 300 G - PRÉPARATION 5 MINUTES - TEMPS DE PRISE 30 MINUTES ENVIRON
REPOS 1 HEURE + 1 HEURE MINIMUM AU RÉFRIGÉRATEUR

CAILLEBOTTE À LA FLEUR D'ORANGER

- 1 litre de lait frais pasteurisé entier, bio de préférence
- 5 gouttes de présure
- 3 cuillerées à soupe de jus de citron frais
- 1 cuillerée à soupe d'eau de fleur d'oranger, bio de préférence

CONSEIL

Vous pouvez faire cette recette en utilisant ½ litre de lait de vache et ½ litre de lait de chèvre, pour un goût plus prononcé. Cette même recette peut être faite en fromagère, avec les proportions suivantes : 1 litre de lait frais entier pasteurisé tiédi à 30 °C, 4 gouttes de présure, 1 cuillerée à soupe de jus de citron. Laissez 5 heures dans la fromagère, puis laissez égoutter 2 à 4 heures au réfrigérateur et consommez dans la journée.

1. Faites chauffer le lait à 35 °C puis retirez la casserole du feu. Ajoutez la présure, le jus de citron et l'eau de fleur d'oranger. Laisser cailler pendant 30 minutes environ.

2. Dès que le petit-lait se sépare du caillé, évacuez-le en penchant doucement la casserole ; essayez de toucher le moins possible le caillé.

3. Laissez refroidir dans la casserole pendant 1 heure à l'air libre, puis mettez au réfrigérateur jusqu'au moment de servir.

4. Servez dans des petits bols en essayant de ne pas « casser » la masse caillée. Accompagnez d'un peu de sucre. Consommer cette caillebotte dans la journée.

POUR 4 PERSONNES - PRÉPARATION 5 MINUTES + PRÉPARATION DU FROMAGE BLANC

FONTAINEBLEAU

- 200 g de fromage blanc (voir page 72), égoutté pendant 48 heures minimum
- 100 g de crème fraîche épaisse, bio de préférence
- 1 cuillerée à café de sucre glace
- ¼ de gousse de vanille

CONSEIL

Ne fouettez pas la crème fraîche trop longtemps au batteur électrique, sinon vous obtiendrez... du beurre ! Vous pouvez servir vos fontainebleaux accompagnés de fruits rouges (fraises ou framboises).

1. Grattez la gousse de vanille et recueillez les petites graines, ajoutez-les au fromage blanc.

2. Fouettez au batteur électrique la crème fraîche avec le sucre glace jusqu'à obtenir de la chantilly.

3. Mélangez délicatement la chantilly avec le fromage blanc.

4. Répartissez dans 4 petits pots garnis d'étamines. Servez sans attendre.

POUR 400 G - PRÉPARATION 10 MINUTES - EN FROMAGÈRE 15 HEURES - ÉGOUTTAGE 48 HEURES

DOUBLE-CRÈME OU CARRÉ FRAIS

- 1 litre de lait entier pasteurisé, bio de préférence
- 100 g de crème fraîche épaisse
- 120 ml de petit-lait ou 100 g de fromage blanc
- 3 gouttes de présure
- 2 g de sel fin

BON À SAVOIR

Grâce à sa texture lisse, ce double-crème se tartine aisément. Assez proche du cream cheese américain, il est aussi parfait pour les tartes au fromage. Il se conserve 1 semaine au réfrigérateur.

1. Mélangez le lait avec la crème fraîche et le petit-lait ou le fromage blanc. Faites tiédir à 30 °C. Ajoutez la présure et versez le mélange dans la grande faisselle avec son pot, en remuant le moins possible. Laissez 15 heures en fromagère.

2. Une fois le fromage fait, laissez la faisselle s'égoutter 1 heure à l'air libre, puis placez-la au réfrigérateur où elle continuera à s'égoutter. Retirez le petit-lait à intervalle régulier, pendant au moins 24 heures. Vous obtenez alors environ 500 g de fromage frais.

3. Versez le fromage dans un saladier avec le sel et malaxez à l'aide d'une spatule. Placez-le dans des étamines ou gazes, puis déposez celles-ci dans de petits moules carrés qui donneront aux fromages leur forme définitive.

4. Laissez de nouveau s'égoutter pendant 24 heures.

POUR 300 G - PRÉPARATION 10 MINUTES - REPOS 6 À 10 HEURES - ÉGOUTTAGE 12 HEURES MINIMUM

MASCARPONE

- 500 ml de crème liquide, bio de préférence
- 2 cuillerées à soupe de jus de citron frais

BON À SAVOIR

Dans un tiramisu ou avec une salade de fruits frais, tout simplement, un délice d'onctuosité ! Le mascarpone peut remplacer la crème fraîche dans toutes vos préparations culinaires.

1. Mettez la crème fraîche dans un récipient résistant à la chaleur, au bain-marie, et faites-la chauffer. Quand la crème atteint la température de 80 °C, ajoutez le jus de citron, et tournez sans arrêt pendant quelques minutes jusqu'à ce que le mélange épaississe.

2. Mettez la préparation obtenue dans un saladier et laissez-la reposer 6 à 10 heures, le temps qu'un peu de petit-lait se forme en surface.

3. Placez alors la préparation dans une passoire ou un chinois garni d'une étamine, puis laissez s'égoutter au réfrigérateur pendant 12 heures au minimum.

4. Mettez le mascarpone dans un pot fermé. Il se gardera au réfrigérateur pendant 5 jours.

POUR 300 G - PRÉPARATION 15 MINUTES + PRÉPARATION DU FROMAGE BLANC

COTTAGE CHEESE

- 1 litre de lait frais pasteurisé entier, bio de préférence
- 3 cuillerées à soupe de jus de citron frais
- 100 g de fromage blanc crémeux (double-crème, page 106, ou façon petit-suisse, page 96)
- 1 pincée de sel

BON À SAVOIR

Très facile à réaliser, cette spécialité anglaise offre une texture granuleuse tout à fait caractéristique. Vous pouvez le consommer nature, ou y ajouter des fines herbes, du sel ou du poivre. Vous pouvez également l'utiliser en accompagnement de salades ou dans des quiches.

1. Faites chauffer le lait. Lorsqu'il arrive à ébullition, ajoutez le jus de citron. Le lait caille très rapidement. Laissez bouillir quelques instants jusqu'à ce que le caillé se détache bien du petit-lait.

2. Versez le caillé obtenu dans une étamine et pressez légèrement pour qu'il s'égoutte. Faites couler de l'eau froide sur l'étamine pour aider le caillé à se raffermir plus rapidement.

3. Dans un saladier, battez le fromage blanc crémeux avec le sel. S'il est trop épais, détendez-le avec un peu de lait.

4. Ajoutez le caillé pressé (il doit être granuleux), rafraîchi et bien égoutté, puis mélangez délicatement. Placez votre cottage cheese au réfrigérateur, dans une faisselle.

5. Ce fromage se garde 3 à 4 jours au réfrigérateur.

POUR 1 BROUSSE DE 140 G - PRÉPARATION 10 MINUTES - ÉGOUTTAGE 2 HEURES

BROUSSE AU MIEL

- ½ litre de lait frais pasteurisé entier de vache, bio de préférence
- ½ litre de lait de chèvre
- 3 cuillerées à soupe de jus de citron frais
- 1 bonne cuillerée à soupe de miel d'acacia

1. Faites chauffer les deux laits. Lorsqu'ils arrivent à ébullition, ajoutez le jus de citron. Le lait commence à cailler. Laissez bouillir quelques instants pour que le petit-lait se sépare bien du caillé.

2. Versez dans une étamine placée sur une passoire. Rassemblez les quatre coins de l'étamine et suspendez-la au-dessus de l'évier. Laissez s'égoutter de cette manière, sans presser, pendant 1 heure, puis placez la brousse obtenue dans une faisselle, au réfrigérateur, de nouveau pendant 1 heure minimum.

3. Émiettez grossièrement la brousse et ajoutez-y 1 bonne cuillerée à soupe de miel d'acacia. Dégustez sans attendre.

4. Cette brousse doit être consommée dans la journée.

BON À SAVOIR

Cette brousse peut également être réalisée dans certaines fromagères anciennes (qui chauffent beaucoup) : mélangez ½ litre de lait frais pasteurisé entier de vache et ½ litre de lait de chèvre. Faites-les tiédir à 30 °C avec 120 ml de petit-lait. Ajoutez 6 gouttes de présure. Mettez dans la fromagère pendant 6 à 8 heures.
Quand le petit-lait s'est séparé de la masse caillée, laissez-le s'égoutter en faisselle pendant 24 heures, au réfrigérateur.

POUR 4 PETITS FROMAGES DE 40 G - PRÉPARATION 5 MINUTES
+ PRÉPARATION DE LA FAISSELLE - ÉGOUTTAGE 5 JOURS - SALAGE 4 JOURS

PETIT FROMAGE DEMI-SEC

- 4 petits fromages en faisselle (voir page 82)
- Sel

CONSEIL

Essayez avec des faisselles au lait de chèvre, ou mi-vache mi-chèvre, pour un fromage plus typé. Si vous avez une cave, vous pouvez y installer votre fromage afin qu'il s'affine, en continuant à le retourner tous les jours. Entre 15 jours et 3 semaines sont nécessaires pour obtenir un fromage « affiné », mais beaucoup d'éléments entrent en ligne de compte (température, aération, qualité du lait...) pour obtenir un résultat optimal.

1. Préparez d'abord le fromage frais en faisselle. Laissez égoutter pendant 5 jours dans sa faisselle et son pot, au réfrigérateur, en vidant régulièrement le petit-lait.

2. Au bout de 5 jours, renversez délicatement la faisselle sur un petit tapis de gaze ou une étamine repliée sur une assiette. Salez le dessus. Au bout de 3 ou 4 heures, si les gazes sont déjà mouillées, remplacez-les et remettez au réfrigérateur.

3. Le lendemain, retournez le fromage (attention, à ce stade, il est encore très mou) et salez l'autre côté. Renouvelez l'opération 24 heures plus tard, puis une dernière fois le jour suivant.

4. Le fromage est prêt à être dégusté 24 heures après le dernier salage. Servez-le saupoudré de graines de carvi ou d'herbes de Provence.

POUR 1 PETIT FROMAGE - PRÉPARATION 10 MINUTES + PRÉPARATION DU FROMAGE DEMI-SEC

TARTARE AUX NOIX

- 60 g de fromage demi-sec mi-vache mi-chèvre (voir page 114)
- 1 gousse d'ail
- Un filet d'huile d'olive
- 5 noix hachées
- Quelques brins de ciboulette
- Sel, poivre

1. Faites blanchir l'ail 1 minute, puis épluchez-le et écrasez-le.

2. À la fourchette, mélangez le fromage avec l'ail et la ciboulette. Arrosez d'huile d'olive, ajoutez les noix hachées grossièrement, salez et poivrez.

3. Replacez dans un petit moule garni d'une étamine, en tassant bien. Démoulez au moment de servir et décorez de ciboulette et de noix.

POUR 4 PERSONNES - PRÉPARATION 15 MINUTES
+ PRÉPARATION DU FROMAGE DEMI-SEC - RÉFRIGÉRATION 1 HEURE

BOUCHÉES AUX HERBES & AU CUMIN

- 4 petits fromages demi-secs (voir page 114)
- 1 cuillerée à café de paprika en poudre
- 1 cuillerée à soupe de graines de cumin ou de carvi
- 1 cuillerée à soupe de coriandre fraîche
- 1 cuillerée à soupe d'origan séché
- Sel, poivre

VARIANTES

Vous pouvez aussi réaliser ces bouchées avec du fromage de chèvre sans présure (voir page 122), du fromage frais en faisselle (page 82), à condition que celui-ci soit très ferme et très bien égoutté, ou même de la brousse (page 112), si vous aimez le fromage plus granuleux. Variez les épices (cardamome, gingembre, pavot...) et les herbes aromatiques (ciboulette, aneth...).

1. Écrasez doucement le fromage, salez et poivrez.

2. Formez de petites boules de la taille d'une noix, en les roulant délicatement dans vos mains. Roulez les boules obtenues dans l'épice ou l'herbe aromatique de votre choix. Laissez raffermir au réfrigérateur 1 heure minimum.

3. Ces petites bouchées se consomment dans la journée.

POUR 1 PETIT FROMAGE - PRÉPARATION 5 MINUTES (LA VEILLE) + PRÉPARATION DU FROMAGE DEMI-SEC

CHÈVRE DEMI-SEC, COGNAC & RAISINS

- 1 fromage demi-sec (voir page 114)
- 20 g de raisins de Corinthe
- 1 bonne cuillerée à café de cognac

BON À SAVOIR

Cette recette est réservée aux adultes, et aux repas de fêtes ! Vous pouvez aussi couper le petit fromage en deux et le farcir de raisins secs, sans l'écraser.

1. Mettez les raisins secs dans un petit bol. Recouvrez-les d'eau tiède et ajoutez le cognac. Laissez macérer toute une nuit.
2. Le lendemain, essorez soigneusement les raisins, mais ne jetez pas tout le jus.
3. Écrasez grossièrement le fromage demi-sec et ajoutez les raisins, puis un peu de jus au cognac.
4. Redonnez une forme au fromage et servez-le avec des cerneaux de noix.

POUR 12 À 15 PAINS - PRÉPARATION 30 MINUTES - REPOS 2 HEURES - CUISSON 15 MINUTES

FROMAGE DE CHÈVRE DEMI-SEC

- ½ litre de lait de chèvre
- ½ litre de petit-lait de chèvre ou de vache, prélevé sur une tournée précédente
- 1 pincée de sel

BON À SAVOIR

Ce petit chèvre, au goût prononcé, ressemble à un fromage demi-sec, mais doit être consommé dans la journée. Vous pouvez le servir nappé de miel d'acacia ou accompagné de quelques figues fraîches. Il est idéal pour une recette rapide de bouchées aux fromages.

1. Dans une casserole, faites chauffer le lait de chèvre avec le petit-lait et le sel. Portez l'ensemble tout doucement à ébullition. Laissez bouillir quelques minutes, retirez la casserole du feu et laissez refroidir.

2. Versez le caillé obtenu dans une étamine mise sur une passoire ou un chinois, jusqu'à ce que le petit-lait s'évacue. Pressez un peu l'étamine entre vos mains pour éliminer encore du petit-lait, puis mettez le fromage dans une faisselle qui lui donnera sa forme, en le tassant un peu. Laissez s'égoutter au réfrigérateur jusqu'au moment de servir.

3. Démoulez avant de servir.

POUR 1 FROMAGE DE 150 G - PRÉPARATION 10 MINUTES - MISE SOUS POIDS 20 MINUTES

FROMAGE PRESSÉ (PANEER)

- 1 litre de lait entier UHT, bio de préférence
- 3 cuillerées à soupe de jus de citron

BON À SAVOIR

Ce fromage pressé, grand classique de la cuisine indienne, est très rapide à réaliser, sans présure ni ferment lactique. Il se prête à de multiples recettes, aussi bien sucrées que salées.

1. Faites chauffer le lait. Lorsqu'il arrive à ébullition, ajoutez le jus de citron. Le lait caille aussitôt. Laissez bouillir quelques instants afin que le petit-lait se sépare bien.

2. Versez sur une étamine ou un linge très fin, mis sur une passoire. Rassemblez les 4 coins de l'étamine et tordez-la afin d'évacuer un maximum de petit-lait. Faites couler un peu d'eau froide dessus pour ne pas vous brûler. Formez une boule très compacte.

3. Gardez la boule bien serrée dans l'étamine et placez le tout sur une planchette de bois, dans l'évier. Mettez un poids dessus (un plat rempli d'eau fera l'affaire) pour l'aplatir, et laissez s'égoutter ainsi pendant 10 minutes. Retournez le fromage et remettez-le sous poids pendant 10 minutes.

4. Retirez délicatement l'étamine et placez le fromage formé au réfrigérateur, dans un récipient rempli d'eau. Le fromage doit baigner dans l'eau et en être recouvert. Il va encore se raffermir. Il se garde dans l'eau pendant 3 jours maximum.

5. Au moment de le servir, coupez le fromage pressé en petits cubes et faites-les dorer à la poêle, dans un peu d'huile d'olive ou de tournesol.

POUR 4 PERSONNES - PRÉPARATION 15 MINUTES + PRÉPARATION DU FROMAGE PRESSÉ

3 IDÉES POUR LE FROMAGE PRESSÉ

- 2 fromages pressés (voir page 124)
- 1 garniture au choix (ci-dessous)
- Sel, poivre

AU CURRY

- ½ cuillerée à café de curry en poudre
- 1 cuillerée à soupe d'huile de tournesol

AUX ÉPINARDS

- 1,5 kg d'épinards frais en branche
- 1 bonne pincée de gingembre en poudre
- 2 cuillerées à soupe d'huile d'olive
- 1 petit oignon

SAUCE TOMATE & NOIX DE CAJOU

- 1 cuillerée à soupe d'huile d'olive
- 200 g de tomates en dés en boîte ou 3 tomates fraîches pelées et épépinées
- 1 cuillerée à café de curry en poudre
- 2 gousses d'ail pressées
- 1 cuillerée à soupe de persil
- 1 cuillerée à soupe de coriandre
- Une dizaine de noix de cajou

1. Coupez le fromage pressé en cubes.

2. Pour la recette au curry, passez les cubes de fromage dans le curry. Faites-les sauter à la poêle dans un peu d'huile chaude. Salez et poivrez.

3. Pour la recette aux épinards, faites cuire les épinards jusqu'à ce qu'ils aient rendu leur eau et qu'ils soient tendres, puis hachez-les. Faites sauter les cubes de fromage à la poêle dans un peu d'huile chaude avec l'oignon haché et le gingembre, salez et poivrez. Mélangez aux épinards.

4. Pour la recette tomates & noix de cajou, faites cuire les dés de tomate et leur jus, l'ail pressé, le persil, la coriandre et le curry dans une poêle 10 minutes à feu doux, en remuant de temps en temps. Ajoutez les noix de cajou, salez et poivrez. Faites sauter les cubes de fromage à la poêle dans un peu d'huile d'olive. Ajoutez la sauce.

POUR 4 PERSONNES - PRÉPARATION 10 MINUTES + PRÉPARATION DU FROMAGE PRESSÉ

FROMAGE PRESSÉ COCO PISTACHES

- 1 fromage pressé (paneer) d'environ 150 g (voir page 124)
- 1 cuillerée à soupe de sucre blond
- 1 cuillerée à soupe de noix de coco râpée
- Une dizaine de pistaches hachées non salées

CONSEIL

Ce dessert, qui se sert traditionnellement en petite quantité, s'accompagne volontiers de gâteaux secs. Vous pouvez aussi utiliser du tofu pour cette recette.

1. Écrasez le fromage pressé à la fourchette, ajoutez le sucre blond et la noix de coco.
2. Mettez le tout dans une poêle, sans matière grasse, et faites cuire 7 à 8 minutes à feu doux, en remuant sans arrêt.
3. Versez la préparation dans un petit moule rond en tassant bien, parsemez de pistaches hachées et servez tiède.

POUR 200 G - PRÉPARATION 10 MINUTES - MISE SOUS POIDS 20 MINUTES

TOFU

- 1 litre de boisson de soja nature (ni enrichie ni sucrée), bio de préférence
- 2 grosses cuillerées à café de nigari, dilué dans 4 cuillerées à soupe d'eau

CONSEILS

Cuisinez le tofu comme le fromage pressé, grillé à la poêle, ou bien plongez-le dans une soupe claire, avec des herbes aromatiques ou du curry.
Le nigari se trouve dans les épiceries asiatiques ou les magasins bio. Vous pouvez le remplacer par du chlorure de magnésium en poudre (en pharmacie), à utiliser dans les mêmes proportions.

1. Portez la boisson de soja à ébullition et ajoutez le nigari dilué dans l'eau. La boisson caille aussitôt. Au besoin, laissez bouillir quelques instants.

2. Versez sur une étamine ou un linge très fin, mis sur une passoire. Rassemblez sans attendre les 4 coins de l'étamine, et tordez-la pour évacuer un maximum de petit-lait. Vous pouvez faire couler un filet d'eau dessus pour ne pas vous brûler.

3. Formez une boule très compacte, toujours dans l'étamine. Placez le tout sur une planchette de bois, dans l'évier. Mettez un poids dessus (un plat rempli d'eau fera l'affaire), et laissez s'égoutter ainsi pendant 10 minutes. Retournez la galette de tofu et remettez-la sous poids pendant 10 minutes.

4. Enlevez délicatement l'étamine et placez le tofu au réfrigérateur, dans un récipient rempli d'eau. Il va encore se raffermir.

5. Ce tofu se garde 3 jours au réfrigérateur. Veillez à ce qu'il soit toujours recouvert d'eau.

POUR 1 BOULE DE 40 G - PRÉPARATION 30 MINUTES - REPOS 1 HEURE

MOZZARELLA

- 1 litre de lait frais pasteurisé entier, bio de préférence
- 7 gouttes de présure
- 2 cuillerées à soupe de jus de citron frais

CONSEIL

Votre mozzarella sera délicieuse sur une pizza ou dans vos salades estivales. Elle se conserve 48 heures au réfrigérateur, recouverte d'eau salée.

1. Portez le lait à la température de 35 °C, puis retirez la casserole du feu. Ajoutez le jus de citron et la présure. Attendez que le caillé commence à se former. Au besoin, pratiquez quelques incisions dans le caillé. Laissez reposer 30 minutes à 1 heure.

2. Remettez sur le feu et laissez la température monter à 40 °C. Le petit-lait va franchement se séparer de la masse caillée.

3. Déposez une étamine sur une passoire et la passoire sur un saladier (pour récupérer le petit-lait). Versez le contenu de la casserole dans l'étamine, puis tordez et pressez l'étamine. Prenez le fromage caillé dans vos mains et formez une boule compacte.

4. Versez le petit-lait récupéré dans une casserole et faites chauffer à 80 °C. Mettez dedans la boule de caillé quelques instants, puis sortez-la, malaxez-la et étirez-la à l'aide d'une spatule, puis à la main quand la masse est moins chaude.

5. Renouvelez l'opération, en remettant la boule dans le petit-lait chaud, puis en la malaxant de nouveau. Vous obtenez une boule très compacte et élastique. Laissez-la refroidir dans un bol d'eau froide salée.

POUR 4 PERSONNES - PRÉPARATION 15 MINUTES
+ PRÉPARATION DU FROMAGE FRAIS EN FAISSELLE - CUISSON 10 MINUTES

OMELETTE SOUFFLÉE AU FROMAGE FRAIS

- 160 g de fromage frais en faisselle très égoutté (voir page 82) ou du fromage demi-sec (voir page 114)
- 6 œufs
- ½ cuillerée à café de curry en poudre
- 2 cuillerées à café de coriandre fraîche
- 2 cuillerées à café de ciboulette
- 40 g de pignons de pin
- Huile de tournesol
- Sel, poivre

1. Battez les jaunes d'œufs avec le curry, les herbes ciselées, les pignons de pin et 1 cuillerée à soupe d'eau tiède. Salez. Poivrez généreusement. Montez les blancs en neige très ferme. Incorporez les jaunes aux blancs en neige.

2. Versez la moitié de cette préparation dans une poêle huilée bien chaude. Lorsque le fond de l'omelette est presque cuit, recouvrez-la de la faisselle (ou du fromage demi-sec), très égouttée et bien poivrée. Versez par-dessus l'autre moitié de la préparation aux œufs. Continuez la cuisson sur feu doux. Retournez l'omelette et laissez cuire quelques minutes à feu vif.

3. Servez l'omelette sans attendre, parsemée de ciboulette.

POUR 4 À 6 PERSONNES - PRÉPARATION 30 MINUTES
+ PRÉPARATION DU FROMAGE FRAIS EN FAISSELLE - REPOS 1 HEURE - CUISSON 30 MINUTES

TARTE SUCRÉE AU FROMAGE

PÂTE BRISÉE

- 100 g de farine
- 70 g de beurre
- 30 g de sucre
- 1 petit œuf ou la moitié de 1 œuf battu
- 1 pincée de sel
- Un peu d'eau si besoin

GARNITURE

- 350 g de fromage en faisselle
très bien égoutté (voir page 82)
- 2 petits œufs
- 100 g de sucre
- 1 cuillerée à café de zeste de citron râpé
- 1 cuillerée à café de jus de citron frais
- 100 g de crème fraîche
- 20 g de sucre
- 1 cuillerée à café d'extrait de vanille

1. Préparez la pâte brisée en mélangeant tous les ingrédients et formez une boule. Laissez-la reposer au réfrigérateur pendant 1 heure.

2. Préchauffez le four à 210 °C. Étalez la pâte dans un moule légèrement beurré et fariné. Piquez le fond avec une fourchette et faites cuire à blanc pendant 5 minutes. Pour éviter que la pâte ne gonfle, mettez dessus un papier sulfurisé et des haricots secs.

3. Préparez la garniture. Dans un saladier, mélangez le fromage blanc avec le sucre, le jus de citron et le zeste. Ajoutez progressivement les œufs jusqu'à obtenir un mélange lisse. Versez cet appareil sur la pâte précuite et remettez au four 10 minutes, à 210 °C.

4. Fouettez la crème fraîche et l'extrait de vanille avec 20 g de sucre. Étalez ce mélange sur la tarte tout juste sortie du four. Réenfournez à 165 °C et laissez cuire encore 10 à 15 minutes. Le dessus doit rester assez blanc. Laissez refroidir puis démoulez pour servir.

CHEESECAKE

Remplacez la pâte brisée par un mélange de 150 g de gâteaux secs écrasés (spéculoos ou petits-beurre) avec 80 g de beurre fondu, bien tassé au fond du moule. Remplacez le fromage en faisselle par du double-crème (voir page 106).

POUR 4 À 6 PERSONNES - PRÉPARATION 20 MINUTES
+ PRÉPARATION DU FROMAGE FRAIS EN FAISSELLE - CUISSON 45 MINUTES

FIADONE

- 250 g de fromage en faisselle (voir page 82), fait avec 50 % de lait de vache et 50 % de lait de chèvre, égoutté pendant 4 ou 5 jours minimum
- 150 g de sucre
- 1 sachet de sucre vanillé
- 3 œufs
- Le zeste de ½ citron râpé
- 1 cuillerée à café de Maïzena®
- 1 pincée de sel
- Un peu de beurre pour le moule

VARIANTE

Ajoutez à la préparation 1 cuillerée à café de limoncello ou, plus savoureux encore, 1 cuillerée à café de liqueur de cédrat.

1. Préchauffez le four à 210 °C.

2. Fouettez le sucre, le sucre vanillé et les œufs dans un saladier jusqu'à obtenir un mélange mousseux. Ajoutez le fromage très égoutté, le zeste de citron, la Maïzena® et le sel. Mélangez bien.

3. Beurrez un moule et versez-y la préparation sur une épaisseur de 3 ou 4 cm. Baissez la température du four à 180 °C et enfournez aussitôt. Laissez cuire 45 minutes sans ouvrir le four. Le fiadone ne gonfle pas, il doit être doré sur les bords et la pointe d'un couteau doit en ressortir sèche.

4. Lorsqu'il est cuit, sortez le fiadone du four et laissez-le refroidir sur une grille, sans le démouler. Gardez-le au réfrigérateur et servez-le froid.

POUR 1 TOURTEAU - PRÉPARATION 25 MINUTES - REPOS 1 HEURE
+ PRÉPARATION DU FROMAGE FRAIS EN FAISSELLE - CUISSON 50 MINUTES

TOURTEAU FROMAGER

PÂTE BRISÉE

- 100 g de farine
- 30 g de beurre
- 1 pincée de sel
- Un peu d'eau

GARNITURE

- 80 g de fromage en faisselle (voir page 82), fait avec 50 % de lait de vache et 50 % de lait de chèvre, égoutté pendant 3 ou 4 jours minimum
- 2 œufs
- 40 g de sucre
- 2 sachets de sucre vanillé
- 20 g de farine tamisée
- 1 pincée de sel

CONSEIL

Si vous n'avez pas de moule à tourteau (qui garantit une belle forme ronde), doublez les proportions et faites-le dans un moule à gâteau classique.

1. Mélangez rapidement la farine, le beurre coupé en petits morceaux et le sel, puis ajoutez de l'eau jusqu'à obtenir une pâte à tarte. Roulez en boule et laissez reposer au réfrigérateur pendant 1 heure.

2. Préchauffez le four à 230-240 °C : il doit être très chaud.

3. Dans un saladier, fouettez les jaunes d'œufs avec le sucre et le sucre vanillé. Écrasez grossièrement le fromage frais et incorporez-le au mélange, puis ajoutez la farine et le sel. Dans un autre saladier, montez les blancs d'œufs en neige très ferme. Incorporez-y délicatement le mélange jaunes d'œufs-fromage.

4. Étalez la pâte brisée au rouleau et foncez un moule à tourteau légèrement beurré et fariné. Piquez le fond à l'aide d'une fourchette. Versez dessus la garniture. Enfournez 10 minutes environ. Le dessus du tourteau doit alors gonfler et devenir très noir. Baissez le four à 200 °C et poursuivez la cuisson pendant 35 à 40 minutes sans ouvrir la porte du four.

5. Une fois la cuisson achevée, sortez le tourteau et attendez qu'il retombe un peu avant de le démouler. Servez froid.

POUR 1 GRAND GÂTEAU OU 12 PETITS - PRÉPARATION 10 MINUTES
+ PRÉPARATION DU FROMAGE FRAIS EN FAISSELLE - CUISSON 20 MINUTES

GÂTEAU MOELLEUX AU FROMAGE DE CHÈVRE

- 250 g de fromage en faisselle (voir page 82), fait avec 50 % de lait de vache et 50 % de lait de chèvre, bien égoutté
- 250 g de farine
- 80 g de sucre
- 1 sachet de sucre vanillé
- Le zeste de 1 citron râpé
- 2 œufs
- ½ sachet de levure chimique
- 1 pincée de sel
- Un peu de lait

1. Écrasez le fromage grossièrement dans un saladier et ajoutez la farine, le sucre et le sucre vanillé, le zeste de citron, les œufs battus, la levure chimique et le sel. Si le mélange est trop sec, ajoutez un peu de lait.

2. Beurrez et farinez un moule. Remplissez-le aux trois quarts de la préparation, et mettez au four à 200 °C pendant 15 à 20 minutes. Démoulez et laissez refroidir.

CONSEIL

Pour des minimoelleux, il existe des moules en silicone qui permettent de réaliser 6 petits gâteaux sur une seule plaque.

COMMENT FAIRE SES GANACHES ?

CHOCOLAT

Plus le pourcentage de cacao est élevé, moins le chocolat contient de sucre et plus son goût est prononcé. Avec un chocolat de couverture ou un chocolat à forte teneur en cacao, vous obtiendrez les meilleurs résultats.
Pour les ganaches, il convient d'utiliser un chocolat noir à 55 % de cacao au moins. Le chocolat au lait contient 35 % de cacao, mais il est plus riche en matières grasses, le beurre n'est donc pas nécessaire. Une pointe de chocolat noir apportera de la structure et renforcera le goût d'une ganache au chocolat au lait. Le chocolat blanc, plus riche en beurre et en sucre, apporte une texture soyeuse.

CRÈME

Utilisez de préférence une crème UHT, d'au moins 33 % de matières grasses. Dans certaines recettes, elle sera remplacée tout ou en partie par un jus ou un coulis de fruits, ou une crème végétale (coco, riz, soja).

BEURRE

Le beurre cru ou fermier est réalisé à partir de crème crue non pasteurisée. Il préserve toutes ses qualités nutritionnelles et gustatives, mais se conserve moins longtemps que le beurre pasteurisé. Le beurre salé ou demi-sel renforce le goût de chocolat ou de caramel.

BEURRE DE CACAO

Il s'agit d'une matière grasse végétale issue des fèves de cacao. Il entre dans la composition du chocolat et est un bon substitut au beurre laitier. Associé à des préparations végétales (coco, riz, soja) et à du cacao, il permet d'obtenir une ganache 100 % végétale (voir page 162).

CONSERVATION

La ganache se conserve assez bien, mais une fois moulée en pot et réfrigérée, elle risque de craqueler ou suinter (à cause de l'humidité qu'elle contient). Si vous n'avez pas dégusté vos pots dans les 24 heures, faites fondre la ganache au bain-marie avec quelques gouttes de lait ou de crème. Fouettez, remoulez, réfrigérez !

DÉGUSTATION

Pour une ganache parfaitement onctueuse, sortez les petits pots du réfrigérateur au moins 20 minutes avant de les déguster. Et s'il en reste dans la casserole après avoir rempli les pots, nappez ce que vous aimez de ganache tiède et coulante : une glace, un biscuit, trempez des fruits...

PRÉPARATION 20 MINUTES - CUISSON 10 MINUTES - RÉFRIGÉRATION 2 À 3 HEURES

GANACHE AU CHOCOLAT NOIR : 3 TEXTURES

À LA CUILLÈRE

POUR 10 À 12 PETITS POTS

- 300 g de chocolat noir
- 220 g de crème liquide
- 150 g de lait
- 20 g de beurre

Dans une casserole, chauffez la crème et le lait à feu doux jusqu'aux premiers signes d'ébullition. Cassez le chocolat dans un récipient puis versez la crème chaude dessus et mélangez pour faire fondre le chocolat. Ajoutez le beurre coupé en petits morceaux. Mélangez de nouveau pour lisser la ganache. Répartissez dans des petits pots et réservez au réfrigérateur 1 h 30 au moins.

À DÉCOUPER

POUR 20 À 25 PETITES GANACHES

- 250 g de chocolat noir
- 200 g de crème liquide
- 40 g de beurre

Dans une casserole, chauffez la crème à feu doux jusqu'aux premiers signes d'ébullition, puis procédez comme pour la ganache à la cuillère. Répartissez la ganache dans un emporte-pièce, un cadre inox ou un plat à rebord recouvert de film alimentaire et mettez au réfrigérateur 3 heures au moins. Une fois refroidie, démoulez la ganache et découpez des petits cubes. Disposez-les sur le plat de service et remettez au réfrigérateur jusqu'au moment de déguster.

À TARTINER

POUR 3 OU 4 POTS

- 250 g de chocolat noir
- 110 g de crème liquide
- 110 g de lait
- 60 g de beurre

Réalisez la crème de ganache en procédant comme pour la ganache à la cuillère. Garnissez les pots, couvrez et conservez au réfrigérateur. Sortez la ganache au moins 20 minutes avant de la déguster. Elle sera plus facile à tartiner et bien plus gourmande à température ambiante.

À LA CUILLÈRE
À TARTINER
À DÉCOUPER

POUR 10 À 12 PETITS POTS - PRÉPARATION 20 MINUTES
CUISSON 10 MINUTES - RÉFRIGÉRATION 2 À 3 HEURES

GANACHE AU CHOCOLAT NOIR + 1 GOÛT

CHOCO + VANILLE

- 220 g de chocolat noir
- 80 g de chocolat au lait
- 220 g de crème liquide
- 150 g de lait
- 20 g de beurre
- 1 gousse de vanille

Fendez la gousse de vanille en deux et récupérez les graines. Dans une casserole, chauffez à feu doux la crème, le lait, la gousse et les graines de vanille jusqu'aux premiers signes d'ébullition. Laissez infuser hors du feu quelques minutes, puis retirez la gousse et suivez la recette de la ganache à la cuillère (voir page 146).

CHOCO + ZESTES D'AGRUMES

- 300 g de chocolat noir
- 220 g de crème liquide
- 200 g de lait
- 20 g de beurre
- 1 orange
- 1 citron vert ou 1 citron

Lavez puis zestez les agrumes à l'aide d'un épluche-légumes. Dans une casserole, portez à ébullition la crème, le lait et les zestes d'agrumes puis laissez frémir à petits bouillons 2 minutes environ. Laissez infuser hors du feu quelques minutes puis retirez les zestes d'agrumes et suivez la recette de la ganache à la cuillère (voir page 146).

CHOCO + CAFÉ

- 220 g de chocolat noir
- 80 g de chocolat au lait
- 220 g de crème liquide
- 150 ml de café expresso
- 20 g de beurre

Dans une casserole, chauffez la crème et le café à feu doux jusqu'aux premiers signes d'ébullition puis suivez la recette de la ganache à la cuillère (voir page 146).

PRÉPARATION 20 MINUTES - CUISSON 10 MINUTES - RÉFRIGÉRATION 2 À 3 HEURES

GANACHE AU CHOCOLAT AU LAIT : 3 TEXTURES

À LA CUILLÈRE

POUR 8 À 10 PETITS POTS

- 80 g de chocolat noir
- 230 g de chocolat au lait
- 150 g de crème liquide
- 100 g de lait

Dans une casserole, chauffez la crème et le lait à feu doux jusqu'aux premiers signes d'ébullition. Cassez les chocolats dans un récipient puis versez la crème chaude et mélangez pour lisser la ganache. Répartissez dans des petits pots et réservez au réfrigérateur 1 h 30 au moins.

À DÉCOUPER

POUR 20 À 25 PETITES GANACHES

- 50 g de chocolat noir
- 260 g de chocolat au lait
- 200 g de crème liquide

Dans une casserole, chauffez la crème à feu doux jusqu'aux premiers signes d'ébullition, puis procédez comme pour la ganache à la cuillère. Répartissez la ganache dans un emporte-pièce, un cadre inox ou un plat à rebord recouvert de film alimentaire et mettez au réfrigérateur 3 heures au moins. Une fois refroidie, démoulez la ganache et découpez des petits cubes. Disposez-les sur le plat de service et remettez au réfrigérateur jusqu'au moment de déguster.

À TARTINER

POUR 2 OU 3 POTS

- 250 g de chocolat au lait
- 120 g de crème liquide
- 30 g de lait
- 40 g de beurre

Réalisez la crème de ganache en procédant comme pour la ganache à la cuillère. Garnissez les pots, couvrez et conservez au réfrigérateur. Sortez la ganache au moins 20 minutes avant de la déguster. Elle sera plus facile à tartiner et bien plus gourmande à température ambiante.

À TARTINER
À DÉCOUPER
À LA CUILLÈRE

POUR 8 À 10 PETITS POTS - PRÉPARATION 20 MINUTES
CUISSON 10 MINUTES - RÉFRIGÉRATION 2 À 3 HEURES

GANACHE AU CHOCOLAT AU LAIT + 1 GOÛT

CHOCOLAT AU LAIT + ÉPICES

- 80 g de chocolat noir
- 230 g de chocolat au lait
- 150 g de crème liquide
- 180 g de lait
- 3 bâtons de cannelle
- 5 grains de cardamome écrasés
- ½ cuillerée à café de poivre de Sichuan

Dans une casserole, portez la crème et le lait avec les épices à ébullition, laissez frémir à petits bouillons 3 minutes environ. Laissez infuser hors du feu quelques minutes puis filtrez sur les chocolats coupés en petits morceaux et suivez la recette de la ganache à la cuillère (voir page 150).

CHOCOLAT AU LAIT + THÉ

- 80 g de chocolat noir
- 230 g de chocolat au lait
- 150 g de crème liquide
- 150 g de lait
- 3 sachets de thé

(Earl Grey ou fumé, selon les goûts)

Dans une casserole, portez la crème, le lait et les sachets de thé à ébullition. Laissez infuser hors du feu quelques minutes, puis retirez les sachets de thé et suivez la recette de la ganache à la cuillère (voir page 150).

CHOCOLAT AU LAIT + NOIX DE PÉCAN

- 80 g de chocolat noir
- 250 g de chocolat au lait
- 150 g de crème liquide
- 150 g de lait
- 100 g de noix de pécan

Mixez les noix ou broyez-les au pilon. Dans une casserole, chauffez la crème et le lait avec les noix mixées à feu doux jusqu'aux premiers signes d'ébullition puis suivez la recette de la ganache à la cuillère (voir page 150).

PRÉPARATION 20 MINUTES - CUISSON 10 MINUTES - RÉFRIGÉRATION 2 À 3 HEURES

GANACHE AU CHOCOLAT BLANC

À LA CUILLÈRE

POUR 8 À 10 PETITS POTS

- 250 g de chocolat blanc
- 350 g de crème liquide
- 1 feuille de gélatine

Faites ramollir la gélatine dans de l'eau froide. Dans une casserole, chauffez la crème à feu doux jusqu'aux premiers signes d'ébullition et faites fondre la gélatine. Cassez le chocolat dans un récipient puis versez la crème chaude dessus et mélangez pour lisser la ganache. Répartissez dans des petits pots et réservez au réfrigérateur 1 h 30 au moins.

À DÉCOUPER

POUR 20 PETITES GANACHES

- 320 g de chocolat blanc
- 100 g de crème liquide
- 40 g de beurre
- 1 feuille de gélatine

Faites ramollir la gélatine dans de l'eau froide. Dans une casserole, chauffez la crème à feu doux jusqu'aux premiers signes d'ébullition, puis faites fondre la gélatine. Procédez ensuite comme pour la ganache à la cuillère. Répartissez la ganache dans un emporte-pièce, un cadre inox ou un plat à rebord recouvert de film alimentaire et mettez au réfrigérateur 3 heures au moins. Une fois refroidie, démoulez la ganache et découpez des petits cubes. Disposez-les sur le plat de service et remettez au réfrigérateur jusqu'au moment de déguster.

À TARTINER

POUR 2 OU 3 POTS

- 250 g de chocolat blanc
- 140 g de crème liquide
- 40 g de beurre

Réalisez la crème de ganache en procédant comme pour la ganache à la cuillère. Garnissez les pots, couvrez et conservez au réfrigérateur. Sortez la ganache au moins 20 minutes avant de la déguster. Elle sera plus facile à tartiner et bien plus gourmande à température ambiante.

À DÉCOUPER
À TARTINER
À LA CUILLÈRE

POUR 8 À 10 PETITS POTS - PRÉPARATION 20 MINUTES
CUISSON 10 MINUTES - RÉFRIGÉRATION 2 À 3 HEURES

GANACHE AU CHOCOLAT BLANC + 1 GOÛT

CHOCOLAT BLANC + FÈVE TONKA

- 250 g de chocolat blanc
- 350 g de crème liquide
- 1 feuille de gélatine
- 1 fève tonka

Faites ramollir la gélatine dans de l'eau froide. Dans une casserole, râpez finement la fève tonka dans la crème puis chauffez à feu doux jusqu'aux premiers signes d'ébullition. Ajoutez la gélatine pour la faire fondre. Suivez la recette de la ganache à la cuillère (voir page 154).

CHOCOLAT BLANC + MATCHA

- 250 g de chocolat blanc
- 350 g de crème liquide
- 1 feuille de gélatine
- 1 cuillerée à soupe de matcha

Faites ramollir la gélatine dans de l'eau froide. Dans une casserole, chauffez la crème à feu doux jusqu'aux premiers signes d'ébullition. Incorporez le matcha, mélangez puis ajoutez la gélatine pour la faire fondre. Suivez la recette de la ganache à la cuillère (voir page 154).

CHOCOLAT BLANC + PISTACHE

- 250 g de chocolat blanc
- 350 g de crème liquide
- 1 feuille de gélatine
- 80 g de pistaches émondées

Faites ramollir la gélatine dans de l'eau froide. Mixez les pistaches ou broyez-les au pilon. Dans une casserole, chauffez la crème et les pistaches mixées à feu doux jusqu'aux premiers signes d'ébullition puis faites fondre la gélatine. Suivez la recette de la ganache à la cuillère (voir page 154).

PRÉPARATION 10 MINUTES - CUISSON 15 MINUTES - RÉFRIGÉRATION 2 À 3 HEURES

GANACHE CHOCOLAT-CARAMEL : 3 TEXTURES

À LA CUILLÈRE

- 90 g de sucre
- 180 g de chocolat noir
- 60 g de chocolat au lait
- 150 g de crème liquide
- 150 g de lait

Dans une casserole, faites cuire le sucre à sec à feu moyen jusqu'à l'obtention d'un caramel doré. Sans attendre, ajoutez peu à peu la crème et le lait puis remettez à feu doux quelques instants pour bien dissoudre l'ensemble. Cassez les chocolats dans un récipient puis versez la crème au caramel dessus et mélangez pour lisser la ganache. Répartissez dans des petits pots et réservez au réfrigérateur 1 h 30 au moins.

À DÉCOUPER

POUR 25 À 30 PETITES GANACHES

- 100 g de sucre
- 50 g de chocolat noir
- 180 g de chocolat au lait
- 150 g de crème liquide
- 90 g de beurre

Procédez comme pour la ganache à la cuillère, sans le lait. Ajoutez le beurre coupé en petits morceaux. Mélangez pour lisser la ganache. Répartissez-la dans un emporte-pièce, un cadre inox ou un plat à rebord recouvert de film alimentaire et mettez au moins 3 heures au réfrigérateur. Une fois refroidie, démoulez la ganache et découpez des petits cubes. Disposez-les sur le plat de service et remettez au réfrigérateur jusqu'au moment de déguster.

À TARTINER

POUR 2 OU 3 POTS

- 180 g de sucre
- 150 g de chocolat noir
- 20 g de chocolat au lait
- 120 g de crème liquide
- 60 g de lait

Procédez comme pour la ganache à la cuillère. Garnissez les pots, couvrez et conservez au réfrigérateur. Sortez la ganache au moins 20 minutes avant de la déguster. Elle sera plus facile à tartiner et bien plus gourmande à température ambiante.

À DÉCOUPER
À TARTINER
À LA CUILLÈRE

POUR 8 À 10 PETITS POTS - PRÉPARATION 10 MINUTES - CUISSON 10 MINUTES - RÉFRIGÉRATION 1 H 30

GANACHE AU LAIT CONCENTRÉ

- 50 g de chocolat noir
- 250 g de chocolat au lait
- 200 g de lait concentré non sucré
- 50 g de lait
- 100 ml de coulis de fruits jaunes
- 100 ml de coulis de fruits rouges

1. Dans une casserole, chauffez la crème et le lait à feu doux jusqu'aux premiers signes d'ébullition.

2. Cassez les chocolats dans un récipient puis versez la crème chaude dessus et mélangez pour lisser la ganache.

3. Répartissez la ganache dans des petits pots et réservez au réfrigérateur.

4. Au moment de servir, nappez chaque ganache de coulis en alternant les couleurs selon vos envies.

POUR 8 À 10 PETITS POTS DE CHAQUE RECETTE - PRÉPARATION 10 MINUTES
CUISSON 5 MINUTES - RÉFRIGÉRATION 2 HEURES

GANACHE 100 % VÉGÉTALE

AU LAIT DE COCO

- 280 g de lait de coco
- 40 g de cacao en poudre non sucré
- 70 g de sucre
- 200 g de beurre de cacao
- 40 g de miel

À LA BOISSON DE SOJA

- 280 g de boisson de soja
- 40 g de cacao en poudre non sucré
- 70 g de sucre
- 200 g de beurre de cacao
- 40 g de miel

À LA BOISSON DE RIZ

- 260 g de boisson de riz
- 60 g de cacao en poudre non sucré
- 70 g de sucre
- 240 g de beurre de cacao
- 50 g de miel

1. Dans une casserole, chauffez le lait, le sucre et le miel à feu moyen jusqu'aux premiers signes d'ébullition.

2. Hors du feu, ajoutez le cacao et le beurre de cacao, coupé en petits morceaux, et mélangez pour dissoudre l'ensemble.

3. Laissez reposer quelques minutes puis garnissez délicatement les petits pots. Mettez au moins 2 heures au réfrigérateur.

POUR 10 À 12 PETITS POTS - PRÉPARATION 30 MINUTES - CUISSON 20 MINUTES - RÉFRIGÉRATION 1 H 30

GANACHE INTENSE

- 300 g de chocolat noir à 70 % ou 80 % de cacao
- 220 g de crème liquide
- 150 g de lait
- 1 cuillerée à soupe de miel (facultatif)
- 200 ml de glaçage noir (ci-dessous)

GLAÇAGE NOIR

- 80 g de crème liquide
- 100 g d'eau
- 135 g de sucre
- 50 g de cacao en poudre non sucré
- 3 feuilles de gélatine (6 g)

1. Dans une casserole, chauffez la crème, le lait et le miel à feu doux jusqu'aux premiers signes d'ébullition. Cassez le chocolat dans un récipient puis versez la crème dessus et mélangez pour lisser la ganache. Répartissez la ganache dans les petits pots à 5 mm des bords et réservez au moins 1 heure au réfrigérateur.

2. Préparez le glaçage. Faites ramollir la gélatine dans de l'eau froide. Dans une casserole moyenne, portez l'eau et le sucre à ébullition. Ajoutez le cacao, mélangez et laissez frémir à petits bouillons quelques minutes. Dans une autre casserole, portez la crème à ébullition. Hors du feu, versez la crème bouillante dans le sirop de cacao et bien mélanger. Attendez quelques minutes puis faites dissoudre la gélatine dans le glaçage encore chaud.

3. Quand les petits pots sont bien pris, faire tiédir le glaçage à feu doux ou au micro-ondes. Nappez chaque petit pot de 1 cuillerée de glaçage et faites-le couler uniformément sur toute la surface en inclinant légèrement le pot. Remettre les petits pots au réfrigérateur 30 minutes au moins avant de servir.

POUR 8 À 10 PETITS POTS DE CHAQUE RECETTE - PRÉPARATION 15 MINUTES
CUISSON 10 MINUTES - RÉFRIGÉRATION 1 HEURE

GANACHE CRUNCHY

BASE CHOCOLAT NOIR

- 140 g de chocolat noir
- 110 g de crème liquide
- 80 g de lait
- 100 g de l'ingrédient croquant de votre choix

BASE CHOCOLAT AU LAIT

- 60 g de chocolat noir
- 180 g de chocolat au lait
- 110 g de crème liquide
- 80 g de lait
- 100 g de l'ingrédient croquant de votre choix

1. Émiettez les biscuits à la main, mixez les fruits à coque dans un robot, ou placez l'ingrédient croquant dans un sac congélation et écrasez-le en petits morceaux à l'aide d'un rouleau à pâtisserie.

2. Réalisez la ganache à la cuillère comme indiqué page 146.

3. Laissez tiédir quelques minutes puis incorporez l'ingrédient croquant, haché ou émietté, et garnissez les petits pots.

4. Laissez refroidir puis dégustez rapidement afin de préserver le croustillant.

POUR 10 À 12 PETITS POTS - PRÉPARATION 20 MINUTES - CUISSON 20 MINUTES - RÉFRIGÉRATION 1 H 30

PETITS POTS PRALINÉS

- 80 g de chocolat noir
- 230 g de chocolat au lait
- 150 g de crème liquide
- 100 g de lait

PRALINÉ

- 40 g de noisettes émondées
- 30 g d'amandes émondées
- 50 g de sucre
- 3 cuillerées à soupe d'eau

1. Préparez le praliné. Dans une casserole, réalisez un sirop avec le sucre et l'eau, à feu moyen. Lorsque les bulles s'épaississent et avant coloration, ajoutez les noisettes et les amandes. À l'aide d'une cuillère en bois, mélangez sans cesse pour bien enrober les fruits secs et éviter qu'ils ne brûlent. Lorsque le mélange a pris une couleur caramel doré, étalez-le sur un papier sulfurisé ou une toile siliconée. Laissez refroidir 10 minutes à température ambiante.

2. Cassez le praliné en petits morceaux puis mixez-le en 2 ou 3 fois au robot jusqu'à l'obtention d'une poudre relativement fine.

3. Mettez cette poudre dans une casserole avec la crème et le lait puis chauffez à feu doux jusqu'aux premiers signes d'ébullition.

4. Cassez les chocolats dans un récipient puis versez la crème chaude dessus et mélangez pour lisser la ganache.

5. Répartissez la ganache dans des petits pots et réservez au moins 1 h 30 au réfrigérateur.

POUR 10 À 12 PETITS POTS - PRÉPARATION 10 MINUTES - CUISSON 12 MINUTES - RÉFRIGÉRATION 1 H 30

PETITS POTS CHOCO-THÉ

- 300 g de chocolat noir
- 220 g de crème liquide
- 200 g de lait
- 30 g de beurre
- 2 sachets de thé aux fruits rouges
- 50 g de cranberries
- 50 g de pistaches décortiquées

1. Dans une casserole, portez à ébullition la crème et le lait avec les sachets de thé. Laissez infuser hors du feu quelques minutes puis retirez les sachets de thé.

2. Cassez le chocolat dans un récipient puis versez la crème chaude dessus et mélangez pour le faire fondre.

3. Ajoutez le beurre coupé en petits morceaux. Mélangez pour lisser la ganache, puis répartissez-la dans des petits pots et réservez au moins 1 h 30 au réfrigérateur.

4. Au moment de servir, parsemez les petits pots de cranberries et de pistaches concassées.

POUR 8 À 10 PETITS POTS - PRÉPARATION 12 MINUTES - CUISSON 10 MINUTES - RÉFRIGÉRATION 1 H 30

PETITS POTS CHOCOLAT BLANC PRALINES

- 250 g de chocolat blanc
- 350 g de crème liquide
- 1 feuille de gélatine
- 100 g de cacahuètes caramélisées (pralines)

1. Faites ramollir la gélatine dans de l'eau froide.
2. Dans une casserole, chauffez la crème à feu doux jusqu'aux premiers signes d'ébullition puis ajoutez la gélatine pour qu'elle fonde.
3. Cassez le chocolat dans un récipient puis versez la crème chaude dessus et mélangez pour lisser la ganache. Répartissez-la dans des petits pots et réservez au moins 1 h 30 au réfrigérateur.
4. Au moment de servir, parsemez les petits pots de pralines concassées.

POUR 8 À 10 PETITS POTS - PRÉPARATION 15 MINUTES - CUISSON 10 MINUTES - RÉFRIGÉRATION 1 H 30

PETITS POTS CHOCO-MIEL & PAMPLEMOUSSE

- 100 g de jus de pamplemousse
- 1 ou 2 pamplemousses
- 150 g de chocolat noir
- 60 g de chocolat au lait
- 100 g de crème liquide
- 80 g de beurre
- 40 g de miel

1. Dans une casserole, chauffez ensemble le jus de pamplemousse, le miel et la crème jusqu'aux premiers signes d'ébullition.

2. Cassez les chocolats dans un récipient puis versez la crème chaude dessus et mélangez pour les faire fondre.

3. Ajoutez le beurre coupé en petits morceaux. Mélangez pour lisser la ganache, puis répartissez-la dans des petits pots et réservez au moins 1 h 30 au réfrigérateur.

4. Au moment de servir, pelez à vif les pamplemousses et prélevez les segments. Dressez 1 ou 2 segments sur chaque petit pot.

POUR 8 À 10 PETITS POTS - PRÉPARATION 10 MINUTES - CUISSON 10 MINUTES - RÉFRIGÉRATION 1 H 30

PETITS POTS COCO-CHOCOLAT BLANC

- 40 cl de lait de coco
- 150 g de chocolat blanc
- 2 feuilles de gélatine
- 100 g de noix de coco râpée
- 1 citron vert
- 80 g de cerises amarena

1. Faites ramollir la gélatine dans de l'eau froide. Lavez le citron vert sous l'eau tiède, séchez-le puis râpez finement le zeste.

2. Dans une casserole, mettez le zeste du citron vert et le lait de coco. Portez à ébullition puis ajoutez la gélatine pour qu'elle fonde.

3. Cassez le chocolat dans un récipient puis versez la crème au citron dessus. Ajoutez la noix de coco râpée et mélangez pour lisser la ganache. Répartissez-la dans les petits pots et réservez au moins 1 h 30 au réfrigérateur.

4. Au moment de servir, ajoutez 2 ou 3 cerises amarena sur chaque petit pot ou servez-les à part, en accompagnement.

POUR 10 À 12 PETITS POTS - PRÉPARATION 15 MINUTES - CUISSON 12 MINUTES - RÉFRIGÉRATION 1 H 30

PETITS POTS CHOCO-BANANE

- 250 g de chocolat noir
- 70 g de chocolat au lait
- 220 g de crème liquide
- 180 g de lait
- 1 cuillerée à café de poivre en grains
- 2 bananes
- 25 g de cassonade

OPTION SAVEUR ++

- 1 cuillerée à café de poivre en grains (poivre du Sichuan si possible)

1. Dans une casserole, portez la crème, le lait et le poivre à ébullition, puis laissez frémir 2 minutes à petits bouillons. Laissez infuser quelques minutes hors du feu.
2. Cassez les chocolats en morceaux dans un récipient puis filtrez la crème au-dessus. Mélangez pour lisser la ganache.
3. Répartissez la ganache dans des petits pots et réservez au moins 1 h 30 au réfrigérateur.
4. Dix minutes avant de sortir les ganaches du réfrigérateur, épluchez et coupez les bananes en rondelles épaisses. Saupoudrez-les de cassonade puis caramélisez-les à l'aide d'un chalumeau de cuisine ou bien saisissez-les dans du beurre.
5. Disposez 1 rondelle de banane sur chaque petit pot.
6. Saupoudrez de quelques grains de poivre concassés et servez aussitôt.

POUR 10 À 12 PETITS POTS - PRÉPARATION 15 MINUTES - CUISSON 15 MINUTES - RÉFRIGÉRATION 2 HEURES

PETITS POTS CHOCO-CAFÉ & CLÉMENTINE

- 220 g de chocolat noir
- 80 g de chocolat au lait
- 220 g de crème liquide
- 150 g de lait
- 1 cuillerée à soupe d'extrait de café
- 20 g de beurre

GLAÇAGE CLÉMENTINE

- 5 clémentines bien juteuses
- 25 g de sucre
- 1 cuillerée à soupe de Grand Marnier®
- 1 cuillerée à café de gélifiant à confiture

DÉCORATION

- Éclats de cacao (grué)

1. Dans une casserole, chauffez la crème, le lait et l'extrait de café à feu doux jusqu'aux premiers signes d'ébullition. Cassez les chocolats dans un récipient puis versez la crème chaude dessus et mélangez pour qu'ils fondent. Ajoutez le beurre coupé en petits morceaux. Mélangez pour lisser la ganache, puis répartissez-la dans des petits pots et réservez 1 h 30 au réfrigérateur.

2. Environ 30 minutes avant de sortir les petits pots, râpez finement le zeste de 2 clémentines. Coupez les 5 clémentines en deux et recueillez le jus.

3. Dans une casserole, portez à ébullition le jus et le zeste, le sucre et le gélifiant. Laissez réduire 1 minute puis ajoutez le Grand Marnier® hors du feu. Laissez refroidir à température ambiante.

4. Quand les ganaches sont bien prises, surmontez les petits pots de 1 cuillerée de nappage clémentine et faites-le couler uniformément sur toute la surface en inclinant légèrement le pot. Remettez au moins 30 minutes au réfrigérateur.

5. Saupoudrez d'éclats de cacao juste au moment de servir.

POUR 10 À 12 PETITS POTS - PRÉPARATION 15 MINUTES - CUISSON 10 MINUTES - RÉFRIGÉRATION 1 H 30

PETITS POTS SAFRAN-VANILLE

- 200 g de chocolat noir
- 100 g de chocolat au lait
- 220 g de crème liquide
- 175 g de lait
- 20 g de beurre
- 1 gousse de vanille
- 1 g de pistils de safran

1. Fendez la gousse de vanille en deux et récupérez les graines.

2. Dans une casserole, chauffez à feu doux la crème, le lait, la gousse, les graines de vanille et le safran jusqu'aux premiers signes d'ébullition. Laissez infuser hors du feu quelques minutes, puis retirez la gousse.

3. Cassez les chocolats dans un récipient et versez la crème chaude dessus. Mélangez bien.

4. Ajoutez le beurre en petits morceaux. Mélangez pour lisser la ganache, puis répartissez-la dans des petits pots et réservez au moins 1 h 30 au réfrigérateur.

POUR 8 À 10 PETITS POTS - PRÉPARATION 10 MINUTES - CUISSON 10 MINUTES - RÉFRIGÉRATION 1 H 30

PETITS POTS CHOCO-FRAMBOISE & PIMENT

- 160 g de coulis de framboises
- 120 g de chocolat noir
- 130 g de chocolat au lait
- 60 g de crème liquide
- 30 g de beurre
- 1 cuillerée à café de piment d'Espelette en poudre
- 1 barquette de framboises

1. Dans une casserole, chauffez ensemble le coulis de framboises, la crème et ½ cuillerée à café de piment en poudre jusqu'aux premiers signes d'ébullition.

2. Cassez les chocolats dans un récipient puis versez la crème chaude dessus et mélangez bien pour les faire fondre.

3. Ajoutez le beurre coupé en petits morceaux. Mélangez pour lisser la ganache, puis répartissez-la dans des petits pots et réservez au moins 1 h 30 au réfrigérateur.

4. Au moment de servir, disposez quelques framboises sur chaque petit pot et saupoudrez de piment en poudre.

POUR 8 À 10 PETITS POTS - PRÉPARATION 10 MINUTES - CUISSON 12 MINUTES - RÉFRIGÉRATION 1 H 30

PETITS POTS CHOCO-HUILE D'OLIVE

- 110 g de chocolat noir
- 200 g de chocolat au lait
- 200 g de crème liquide
- 120 g d'huile d'olive
- 1 belle branche de romarin

1. Dans une casserole, versez la crème liquide et l'huile d'olive. Effeuillez le romarin au-dessus de ce mélange. Portez à ébullition et laissez frémir 1 minute à petits bouillons.

2. Cassez les chocolats dans un récipient puis filtrez la crème dessus. Mélangez pour faire fondre les chocolats et lissez bien la ganache.

3. Répartissez la ganache dans des petits pots et réservez au moins 1 h 30 au réfrigérateur.

POUR 8 À 10 PETITS POTS - PRÉPARATION 15 MINUTES - CUISSON 12 MINUTES - RÉFRIGÉRATION 1 H 30

PETITS POTS CHOCO-MOJITO

- 80 g de jus de citron vert
- 150 g de chocolat noir
- 60 g de chocolat au lait
- 100 g de crème liquide
- 60 g de lait
- 80 g de beurre
- 30 g de rhum
- 20 g de sucre
- 10 feuilles de menthe fraîche

+ quelques-unes pour la déco

1. Dans une casserole, portez à ébullition le jus de citron, la crème, le lait, le sucre et les feuilles de menthe. Laissez frémir 2 minutes à petits bouillons.

2. Cassez les chocolats dans un récipient puis filtrez la crème chaude dessus. Mélangez pour faire fondre les chocolats.

3. Incorporez le beurre coupé en petits morceaux et le rhum, puis mélangez pour lisser la ganache. Répartissez-la dans des petits pots et réservez au moins 1 h 30 au réfrigérateur.

4. Au moment de servir, déposez 1 feuille de menthe bien à plat sur chaque petit pot puis retirez-la délicatement afin de laisser une jolie empreinte.

TABLE DES RECETTES

YAOURTS MAISON

FROMAGES FRAIS MAISON

PETITS POTS DE GANACHE

58, rue Jean-Bleuzen,
CS 70007 92178 VANVES CEDEX

Recettes : Cathy Ytak : pages 6-142 ; José Maréchal : pages 144-188.
Photographies : David Japy : pages 4, 7-143 ; Akiko Ida : pages 145-189.

Création graphique : Manon Renucci
Mise en pages : les PAOistes
Suivi éditorial : Natacha Kotchetkova

Pour Marabout, le principe est d'utiliser des papiers composés de fibres naturelles, renouvelables, recyclables et fabriquées à partir de bois issus de forêts qui adoptent un système d'aménagement durable. En outre, Marabout attend de ses fournisseurs de papier qu'ils s'inscrivent dans une démarche de certification environnementale reconnue.

Achevé d'imprimer en novembre 2020
sur les presses de Macrolibros en Espagne
1363208/01
ISBN : 978-2-501-15462-8
Dépôt légal : janvier 2021

PAPIER À BASE DE FIBRES CERTIFIÉES

MARABOUT
s'engage pour l'environnement en réduisant l'empreinte carbone de ses livres.
Celle de cet exemplaire est de :
300 g éq. CO_2
Rendez-vous sur
www.marabout-durable.fr

The Shed

Level 11 - Lime

Helpful Hints for Reading at Home

The graphemes (written letters) and phonemes (units of sound) used throughout this series are aligned with Letters and Sounds. This offers a consistent approach to learning whether reading at home or in the classroom.

HERE ARE SOME COMMON WORDS THAT YOUR CHILD MIGHT FIND TRICKY:

water	where	would	know	thought	through	couldn't
laughed	eyes	once	we're	school	can't	our

TOP TIPS FOR HELPING YOUR CHILD TO READ:

- Encourage your child to read aloud as well as silently to themselves.
- Allow your child time to absorb the text and make comments.
- Ask simple questions about the text to assess understanding.
- Encourage your child to clarify the meaning of new vocabulary.

This book focuses on developing independence, fluency and comprehension. It is a lime level 11 book band.

The Shed

Written by
Mignonne Gunasekara

Illustrated by
Chris Cooper

Prologue

The Beginning

Canon School was, for the most part, a regular school. The students worked hard and got good grades. Everything looked great – from the outside. But once you entered the school gates, you would hear the stories. The stories told of missing students and monsters in the dark. And Jules Jones was just about to walk through those school gates.

Chapter One

The New Kid

"Morning, class," said Mr Liu as he waited for his students to settle down. "I would like you to meet your new classmate, Jules Jones."

Jules stood at the front of the class and waved at everyone.

"Please make him feel nice and welcome," said Mr Liu. "Now, why don't you sit over there, Jules?"

Mr Liu pointed to an empty desk at the back of the room. Jules walked over and sat down. To his right was a boy with glasses and a backpack that was nearly as big as he was.

"Hi," the boy said. "My name is Saul. Pleased to meet you."

"And my name is Jaime," said a voice from Jules's left.

Jules turned to see a girl holding out her hand for Jules to shake.

"Hi," said Jules, taking her hand and shaking it happily.

The girl on the other side of Jaime turned around in her chair. She had short, spiky hair and a warm smile.

"Welcome to Canon School, Jules," she said. "My name is Kris."

"Hello, Kris," said Jules, just as Mr Liu asked the children to open their books.

Kris turned back in her seat, and the lesson began.

Jules had a good feeling about the people he'd just met. They seemed friendly. Jules hoped that they would be the ones to show him around after the lesson was over.

Jules was very happy when the bell rang and Saul, Kris and Jaime gathered around his desk.

"Is there someone that's meant to be taking you round the school?" asked Jaime.

"Because we can do that," said Saul. "If you'd like."

"Yes please," said Jules. A smile lit up his face. "I would like that."

The four of them picked up their bags and made their way to their next lesson.

"So, Jules," said Kris as they walked along the corridor. "How are you finding the school so far?"

"Well," said Jules. "I've only been here a minute, but I think I really like it."

"I'm glad," said Jaime.

"You haven't heard the stories yet, though," chuckled Kris.

"What stories?" asked Jules. This sounded interesting.

"Oh, nothing," said Saul. "It's all just talk."
"I don't believe that," said Jules. "There's no such thing as 'just talk'."

Kris started watching Jules closely after he said this.

"Every story has to start somewhere," said Jules.

"So?" Kris asked. "Do you want to hear them or not?"

Chapter Two

The Stories

The four children walked into their next classroom. Kris pulled Jules along and they all sat at a table by the window. They were about to start an art lesson.

"This is actually the perfect time to tell you about the stories," said Kris. "Mrs Grundy always gives us plenty of time to chat." She twisted in her seat to point out of the window. "And we have the perfect view."

Jules followed Kris's finger with his eyes. She was pointing at the school field. School fields were far from what Jules thought of as a 'perfect view'.

"What am I looking at?" asked Jules.

"That dark building on the other side of the field," said Kris. "The shed."

"What does the shed have to do with anything?" asked Jules

"The shed has everything to do with everything," replied Kris.

"I really don't know why we're talking about this," said Saul in a huff.

"Jules wanted to know," said Kris, turning back to Jules. "The shed is what all the stories are about."

Jules was getting impatient.

"And what are the stories, exactly?" he asked.

"There are too many to count," said Jaime.

"But they all have one thing in common – the shed," said Kris.

"It's dangerous," said Jaime.

"It's a shed," muttered Saul under his breath. Jules couldn't really believe that a shed could be dangerous either, but he wanted to hear what Kris and Jaime had to say.

"They say kids go missing if they get too close," continued Jaime.

"Could be aliens," offered Kris.

"Others say kids get eaten by a creature if they go inside," said Jaime.

"Could be monsters," said Kris.

"Could be nonsense," said Saul.

"If the stories really were nonsense, they wouldn't be told year after year," said Kris.

"So," said Jules. "This is the school's legend."

"Yeah," said Jaime. "Everyone has heard about it. Everyone knows to stay away from the shed."

"Does no one go in there at all?" asked Jules.
"Just the caretaker," said Kris. "It's his shed."

"Why has nothing happened to him, hmm?" asked Saul.

"The monster only wants kids," said Kris. "Obviously."

"Sure," said Saul, unconvinced.

"Do you know any of the missing kids?" asked Jules. "Have you ever met one of them, in person?"

"No," said Jaime. "But some of the older kids have."

"What do they say about it?" asked Jules.

"That their friends just stopped coming to school," said Kris. "They were here one day and gone the next."

"That doesn't mean an alien took them," said Saul, rolling his eyes.

"You know," said Jules. "There's only one way to see if there's any truth to these stories."

Kris, Jaime and Saul turned to look at Jules. "We have to look in the shed ourselves," he said.

"No, thank you," said Jaime. "I am happy right where I am."

"You want to go to the shed?" asked Kris.

"Yes," said Jules. "Don't you want to know what's actually happening?"

"No," said Saul. "Because nothing is happening. It's just where they keep the spare footballs and the lawnmower."

"If nothing is happening then you shouldn't be scared to go over," said Jules.

"I'm not scared," said Saul, calmly. "I just have other things I'd rather do."

"I'm up for it," said Kris, leaning over to Jules.

"Really?" asked Jaime.

"Yes," said Kris. "We could even go today. After school."

Someone cleared their throat behind the kids, and they jumped. Mrs Grundy was standing there with her hands on her hips, and she didn't look pleased.

"I don't mind a bit of chatter in my classroom," she said. "But you have to be working at the same time."

The kids looked down at their blank pieces of paper. They were supposed to be drawing their favourite animal, but they had been too distracted by the shed.

"Sorry, Mrs Grundy," they all mumbled.

When she was gone, Jules spoke up.

"Yeah," he said. "Let's go today."

"Nice one," said Kris. "Saul, are you coming with us?"

"I am actually free this afternoon," said Saul. "Sure, why not."

"Jaime?" asked Kris.

"If you're all going..." said Jamie. "I guess I'll come too."

"Tonight, then," said Jules.

"Tonight," replied Kris.

Chapter Three

The First Look

The four kids stood on the school field. The shed stood at the other end of it.

"Let's do this," said Jules. They all started walking across the field. The shed looked bigger and bigger with every step they took.

It was winter, and the sky was getting quite dark already. Someone had turned the shed's lights on.

"Wait," said Jaime. "Is there someone inside?"

"Let's find out," said Kris, and she picked up her pace. The other three rushed to catch up with her.

There were some bushes by the shed, and the children crouched behind them. If anyone was inside the shed, they hopefully couldn't see the kids anymore.

"What's the plan?" asked Jaime.

"I'll check if the coast is clear," said Jules. "And if it is, we'll go inside."

"What if it's locked?" asked Saul. "I will not be a part of any breaking and entering."

"We can think about that later," said Kris.

"Here goes nothing," said Jules, and he stuck his head over the top of the bush.
Right in front of him was a window. With the lights on inside, all Jules could see was a shadow against the shed's blinds.

The shadow belonged to something huge. Something that had tentacles coming out of its head. Something that wasn't human. The monster!

He knew now. The stories did have some truth to them. There was some kind of monster in the shed. Jules felt someone tugging on the back of his shirt.

"I think someone's coming," whispered Kris. "We should go."

Jules ducked back down behind the bushes. "I saw it," he said.

"What?" asked Kris.

"I saw the monster," said Jules.

Chapter Four

The Return to the Shed

"I don't get it," said Saul. "Why on Earth would you want to go back when you know there's a monster there?"

"I want to know more," said Jules, placing a bag on the table in front of them. Jules pulled four torches out of it. "Like, what kind of monster is it?"

"The kind that eats children," said Jaime.

"Then don't you think we need to do something about it?" asked Jules. "We can't sit back and let it keep taking kids."

"I think an adult should do something about it," said Jaime.

"They haven't done anything this whole time," said Kris. "We have to do this ourselves."

"Fine," said Saul. "What's the plan?"

The plan was simple. They waited until everyone left, then hid behind the bushes again. Jules checked if the coast was clear. It was, so they opened the shed door. The lights were off, and they left them off so the monster wouldn't know they were there yet. They used their torches to look around. The shed was... very messy.

"I wonder how much of this stuff actually gets used," said Saul. Jaime tapped a pool noodle and the cloud of dust that came off it made everyone sneeze.

"Does this school even have a pool?" asked Jules.

"No," said Kris.

They kept moving through the shed. All they found was more and more mess, but no sign of the monster.

"There's obviously nothing here," said Saul.

"I don't know what you saw, but it wasn't a monster, Jules."

"It's here, I swear," said Jules. "I know what I saw."

"Well, I'm tired of looking," said Jaime. "If anyone finds us here, we are going to be in so much trouble."

Jaime took a step back and felt something poking her in the back. "It's the monster!" she screamed.

All hell broke loose. The kids started yelling and scrambling to get a look at the monster. All the clutter that had been piled around them started to fall over, clanging and banging as it went. But the monster wasn't behind Jaime anymore.

"Did anyone see where it went?" cried Jules. "No!" said Kris.

"Let's look for it!" called Jules. "Follow me!"

They all started running further into the shed, not caring that they were knocking things over. The monster knew they were here now, so there was no point in being quiet anymore.

Chapter Five

The Chase

"Can anyone see a light switch?" asked Jules.

"There's no time!" yelled Saul. He was right. They couldn't stop. The monster would get away.

The kids ran around the corner and found themselves at a dead end.

"Where could it have gone?" asked Kris.

"Maybe..." muttered Jules. "Maybe it's in the room with the window, where I saw it yesterday."

"Yes," said Jaime. "Maybe that's where it likes to sleep. Or whatever monsters do."

"Let's go there, then," said Jules. Everyone turned and ran back down the corridor.

They retraced their steps until they were outside the door of the room with the window. It was closed now, but it had been open when they walked past it earlier.

The monster must have come back.

"Ready?" asked Jules, placing his hand on the door handle.

Saul, Jaime and Kris nodded.

"On the count of three," said Jules. "I'm going to open the door."

Jules held his breath for a second.

"One.... Two... Three!" counted Jules. He pushed the door open and ran in, with his three friends right behind him.

"Aaaaarrgh!" they all roared.

There was more banging as more clutter was knocked over. Jules heard Saul trip over something behind him. Jaime skidded on some paper that had been spread across the floor and crashed into something. Kris had walked into a spider web and was now trying to claw what was left of it out of her hair.

Jules was the only one left to face the monster.

It loomed in front of him. The moonlight from outside lit up its large, lumpy body and those horrible tentacles.

"It's over!" yelled Jules. "We got you!"

Chapter Six

The Monster

Suddenly, a bright light appeared overhead. The kids gasped and covered their eyes. It hurt a bit after the time they had spent in the dark.

"What is going on in here?" said a voice. It was an adult. The kids all looked to the doorway. The caretaker was stood there, his hand still on the light switch. His mouth was open in shock. With the light on, the kids could see just how much mess they had made.

More importantly, it would now be possible for them to see the monster. They turned back towards the window... and saw a pile of junk.

Where Jules thought the monster's body had been was a pile of paint cans and buckets stacked on top of an old table. A dust sheet was draped over the pile, but it was slipping off. Propped against the window, in the middle of the cans, was a mop. That was what had looked like the monster's head. Shoved in all the gaps were more pool noodles like the kids had seen earlier. These were the tentacles.

Jules couldn't believe it. He had definitely seen a monster!

"We were just looking for... a pool noodle!" said Saul.

"Oh," said the caretaker.

He walked over to the 'monster' and pulled a couple of pool noodles out of it.

"Here. Take two," he said. "Just in case."
"Thank you," said Kris, taking the noodles.
"Sorry about the mess," said Jaime. "Please let us clear it up."

"Don't worry about that," said the caretaker. "There's no real harm done. You kids just go home now."

"Oh," said Saul. "Thank you."

The children made their way out of the door. Jules looked back one last time as they left.

He was so confused.

The caretaker watched the children leave from the doorway of the shed.

"That was close," he said.

A couple of tentacles slowly wound their way around the doorframe...

The Shed

1. Who didn't really believe all the stories about the shed?

2. What were the children supposed to be drawing?
   (a) A monster
   (b) Their favourite animal
   (c) Their favourite food

3. What did Kris get in her hair?

4. Who finally turned the lights on in the shed?

5. Would you want to find out more if you heard a story like the one the children told Jules? Why?

©2021 **BookLife Publishing Ltd.**
King's Lynn, Norfolk PE30 4LS

ISBN 978-1-83927-412-1

A catalogue record for this book is available from the British Library.

The Shed
Written by Mignonne Gunasekara
Illustrated by Chris Cooper

An Introduction to BookLife Readers...

Our Readers have been specifically created in line with the London Institute of Education's approach to book banding and are phonetically decodable and ordered to support each phase of Letters and Sounds.

Each book has been created to provide the best possible reading and learning experience. Our aim is to share our love of books with children, providing both emerging readers and prolific page-turners with beautiful books that are guaranteed to provoke interest and learning, regardless of ability.

BOOK BAND GRADED using the Institute of Education's approach to levelling.

PHONETICALLY DECODABLE supporting each phase of Letters and Sounds.

EXERCISES AND QUESTIONS to offer reinforcement and to ascertain comprehension.

BEAUTIFULLY ILLUSTRATED to inspire and provoke engagement, providing a variety of styles for the reader to enjoy whilst reading through the series.

AUTHOR INSIGHT:
MIGNONNE GUNASEKARA

Despite being BookLife Publishing's newest recruit, Mignonne Gunasekara has already written many books about everything from starter science and disastrous deaths throughout history to dinosaurs.
Born in Sri Lanka, Mignonne has always been drawn to stories, whether they are told through literature, film or music. After studying Biomedical Science at King's College London, Mignonne completed a short course in screenwriting at the National Centre for Writing in Norwich, during which she explored writing scripts for the different mediums of film, theatre and radio.

This book focuses on developing independence, fluency and comprehension. It is a lime level 11 book band.